選擇，比努力重要

人一生一定要擁有一個

讓錢自己流進來的系統

M型社會的兩端，你要往哪邊走？

向窮走？或向富走？

有錢人是可以教出來的！

腦袋會決定你的口袋，只要換一個有錢人的腦袋，

錢，是會自己流進來的！

| 理財達人 | 陳光、張景富 |

文字整理　張蕫宸、江羚瑜

【推薦序】
貧、富間只站了兩個字「觀念」

對富人來說，
金錢是拿來投資並創造財富的「資產」；
對貧窮人而言，
金錢的功能只是取得生存的工具。

　　陳光是我求學時代最要好的同學。他在我心目中，是一位樂於助人、並散發陽光氣息的男孩。記得大學時代，我們一起研究財經、投資新趨勢，那一段令人難以忘懷的學生歲月啊！彷彿整個社會經濟都掌握在我們研究生的報告裡。

　　某些特定的因素，讓陳光長期且持續關懷群眾。看過陳光的《工蟻》、《學習致富》等書，在在告訴大家：貧窮，只是一個觀念，絕不是口袋裡金錢的多寡問題。由於M型社會的衝擊，這次陳光與景富攜手合作共同推出《讓錢自己流進來》一書，直接點出許多民眾對於財富知識的不足，長期陷入金錢追逐的無辜。書中結合兩人專業的財經背景與長期豐富的實務經驗，道出貧者與富者在觀念上的一些差異。

對富人來說，金錢是拿來投資並創造財富的「資產」；對貧窮人而言，金錢的功能只是取得生存的工具。對待金錢的方式不同，決定你與金錢有沒有緣分。窮人更因為沒有轉投資的觀念，造成與富人的距離日漸擴大。觀察陷入貧窮的朋友，才發現他們無法致富不是因為不努力，而是不瞭解現金流的動向。

發現並掌握財富脈絡，才是致富的關鍵。有句話說：「貧窮的人太忙了，忙得沒有時間瞭解如何賺錢。」如果只靠生命賺錢，最後會在M型社會的衝擊下，一步步走向貧窮的一端。現今大部分的社會現象是，為了父母的奉養費、子女的教育費、車貸、房貸……等，多數人用盡一生的時間忙碌奔波，不要說致富了，最後竟連養老金都找不到。

誠如陳光所言：**人的一生，只為賺得足夠的金錢，來看清楚整個世界，只可惜很多人努力了一輩子，最後連金錢都看不清楚。**如何克服M型社會造成的危機？陳光與景富的這本合著，以深入淺出的內容，幫助更多人發現戰勝M型社會的方法。我以為，瞭解並實踐本書的內涵，必能找到脫離貧窮的方法，進而尋得財務真正的自由。

群益證券／副總裁

【推薦序】
新富者的修練術

沒有改變不了的窮口袋，
只有改變不了的窮腦袋！
富人依照正循環的思考方式理財，
而窮人則是依負循環的思維模式經營！

　　與景富認識多年，知道他是個博學多聞的才了，且領導
能力與洞察力更是時代的先趨。這次與《窮人永不得翻身》
作者陳光聯手創作《讓錢自己流進來》，我相信以兩人豐富
的財務背景，這本書一定能帶領大家更瞭解財富的奧秘。

　　M型社會已悄然來臨，富者愈富，貧者愈貧。貧富兩極
化將無可避免，中產階級崩塌的同時，如何掌握命運讓自己
向上成為富人，在這幾年成為最重要的議題。

　　而富者與貧者最大的不同，是腦袋瓜思考的問題，所
謂，**沒有改變不了的窮口袋，只有改變不了的窮腦袋！**富人
依照正循環的思考方式理財，而窮人則是依負循環的思維模
式經營；富人會想辦法創造出更多的持續性收入，而窮人則
是將就生活，僅靠勞力與生命賺錢。一開始思考模式的不

同，就已分出富與窮的未來。

致富的關鍵在創造持續性收入，要點就是建立一個有持續性收入的系統。這一個世紀，誰擁有持續性的通路，誰就是財富上的贏家。成功的模式是可以拷貝與依循的，像網路的成功，是建立在一個大家可以共同分享的平台；而連鎖加盟的成功，亦是把所有的通路經營標準化，進一步做系統的承傳複製；本世紀成功的直購系統，就是把握住傳統通路改變的趨勢，設計出開創持續性收入最有利的管道。

合作，團隊合作，是致富關鍵。書中也提及：「記得創造你的人脈」，這一點我非常認同，善用你的人脈資源，共同經營、建立團隊共同分享。人生存摺除了金錢、專業知識及身體健康外，人際關係是必修的課程。

朋友稀、貴人少，怎能成就大事？窮人的想法卻往往是：「我沒有什麼人脈，我又不認識什麼達官顯要！」事實上，朋友與貴人每天不斷出現在你我的身邊，只在於是否用心發覺與經營。記住：這一個世紀成功的人士，幾乎都是人脈資源整合者。

詳閱本書，深覺景富與陳光的用心。本書在在教導大家如何擺脫貧窮、再創財富的心意。作者願意助人成功的具體表現，這種菩薩入世精神，把致富的道理寫得非常平實。這

些看似平常的道理，其實是最主要達成富人的關鍵。如何設定及達成目標，重點就在起而行了。嘗試學著書上的每個要訣，要行動，創造出屬於自己富足的人生。

中華民國直銷協會理事長

劉樹崇

【推薦序】
致富是可以學習的

致富不再是遙不可及的事情，是可以做到的事情。
需要的只是學習倍增的觀念、
聚眾一起做好新的習慣、
建立起我的人脈與良好的人際關係！

　　第一次接觸到陳光老師，印象深刻的是那份對事的執
著，尤其在講台上的他，更是一個強力的發光體；這次老師
的新作《讓錢自己流進來》，特別指出現今財富結構M型社
會的來臨，財富將重新分配。如果看過《富爸爸，窮爸
爸》，在四個象限中，我們要選擇哪一象限，現在要選邊站
囉！要怎樣決定自己的未來，就在這關鍵時刻。而我們要走
向哪一邊，觀念決定一切。

　　每天回家看到父母親辛苦經營的工廠辛苦的工作著，一
輩子都辛勤工作的父母，卻不能在即將耳順之年享受退休的
天倫之樂，難道我們要選擇這樣的未來嗎？這樣的疑問卻在
陳光老師的所有書中得到解答；我們還在用盡自己一生的歲
月工作賺錢嗎？人的一生只是為了賺錢而沒有其他的事情可

以做嗎？努力去賺錢跟讓錢自己走回來，其實只是智慧與觀念的轉變；學會了，我們可以去幫助別人，讓更多的人不再只活在工作中。

致富，這樣的名詞在我的生活中，其實是一種奢求，在之前我只懂得一天用盡所有的體力與腦力，去創造可以爭取到的財富，也許是工蟻轉世，終日勞動過一生，但是面對未來變化快速的世界，我該學習的將是選擇，除了原本的努力以外，選擇建立新的致富方式與系統，是最好的方式，或許很多人跟我一樣迷惑，但是閱讀陳光老師的書與聽過他的演講後，發現這將不再是遙不可及的事情，因為這是可以做到的事情。只要學習倍增的觀念、聚眾一起做好新的習慣、建立起我的人脈與良好的人際關係。

有機會致富，我也可以學習，以前看到那富爸爸與窮爸爸不同的心理層面，新的學習方式不會因為年齡大小而有所改變，只有願不願意去嘗試改變；新的影響內在，只是學習了，會不會應用在養成新的生活習慣與理財習慣；新的溝通語言，就是因為產生新的文化內容與生活習慣。

沒有目標管理、沒有時間管理、沒有人際管理、沒有生活管理，那是在沒接觸陳光老師前的我。很高興陳光老師能把這樣的內容出書，幫助那些願意改變自己的人們，也相信

這是一種善行，讓這世界的人們可以擺脫貧困，過著心靈充實開心的日子。

中廣新聞網　節目主持人

【自序】
錢，會自己流進來

貧富，
不是口袋金錢的多寡，它是一種觀念，
我們證明取得財富，
有它一定的公式與步驟。

　　我認為，人生有四個必修的學分，健康、快樂、愛及財富，而財富只不過是其中的一小部分，但許多人花了一生的努力，卻始終修不過這個學分。

　　太多人為了父母的奉養費、子女的教育費、車貸、房貸……等，長期為生活奔波，甚至犧牲了時間與健康，但無論如何縮衣節食，或加長工作時間，卻連基本生計都無法維持。M型社會的到來，讓凝聚社會安定力量的中產階級，像冰山一樣以驚人的速度迅速瓦解中，讓我們驚覺貧富兩極化已無可避免。

　　當你讀完這本書，你將會發現戰勝M型社會的方法。錢，是自己會流進來的！工作不是為了錢，工作，是為了實現自我的核心價值，是人生學習的重要工具！這一點一定要

認知。金錢的到來，有它一定的管道，這本書，就是教你發覺並構築這個管道。

　　人的一生，只為賺得足夠的金錢，來看清整個世界，可惜很多人努力了一輩子，卻連金錢都看不清楚。這二、三年來，我們成功幫助了許多平凡人，不花一毛錢而身價上億，這是一個突破性的概念。**貧富，不是口袋金錢的多寡，它是一種觀念**，我們證明取得財富，有它一定的公式與步驟，可惜這些方法學校從未教過，因此很多人忙碌了一輩子，卻因為不知道這個秘密，苦苦追求金錢，最後出賣了最寶貴的生命與健康。

　　為了讓所有人知道財富的秘密，很幸運的找到與我有共同理念的夥伴——景富，我們有相同的目標，相約先改變一萬人的財務思維，進而讓他們得到財務的自由。衷心期待藉由這本書，讓大家都知道如何克服Ｍ型社會所造成的危機，進而掌握財富的脈絡，擁有值得珍藏的人生。

【自序】
只要願意，就能擺脫貧窮

我努力奮鬥十多年，但卻一直無法真正致富，
直到我發現了永不缺錢的秘密！
我告訴自己我不是有錢人的後代，
但我將是富人的祖先。

　　一瓶礦泉水在大賣場賣25元，擺在五星級飯店賣100元，而在杜拜帆船飯店就要300元，但如果是在沙漠裡，對一位即將渴死的旅人來說卻是無價的。一個人的價值不在於他本身是怎樣的人，而是在於他所處的位置。這些年來我一直在思考的問題，就是如何能創造更好的人生價值。

　　回想小時候，出身於一個非常貧窮的家庭，父母不識字又養育6個小孩，因此媽媽一個人身兼4份工作。在我10歲那年，母親懷有8個月的身孕，卻依然每天騎腳踏車出門工作。有天她出了車禍，在家只躺了3天，就急著出門上班，我流著淚說：「要是我們家有錢，就好了！」媽媽告訴我：「我們對人生或許有失望，但不能絕望！張家以後就靠你了……」

　　從此之後，我變得更積極進取，告訴自己我不是有錢人的後代，但我將是富人的祖先。我努力奮鬥十多年，表現卓越，但卻一直無法真正致富，直到發現了永不缺錢的秘密！

　　我出身寒微，深知在Ｍ型社會的衝擊下，許多家庭守著微薄的固定收入，隨著大環境載浮載沉，完全經不起任何風險，一旦沒收入或入不敷出，所衍生的問題越來越嚴重；為錢爭執、犯罪、自殺時有所聞，社會慈善機構只能救急，但誰來救窮呢？

　　這些年來，我個人早已實現永不缺錢的夢想，也將致富的理念，成功的幫助多位好友實現財務自由。當好友們握緊我雙手，那感謝的眼神，讓我深刻體會到：「富貴不如長壽，長壽不如健康，健康不如快樂，快樂不如助人，助人最樂！」

　　當我和陳光老師深入探討目前為經濟壓力所苦的社會現象時，我們都發現彼此有強烈的使命，因此決定藉由出書讓更多平凡人知道，只要願意改變，就有機會在零風險的情況下成為一個無貧家庭，徹底擺脫貧窮！

　　窮根難斷，富苗難起。期待藉由實踐這本書的理念，我們都能成為永不缺錢的新貴。安東尼羅賓說：「這輩子你見過的人，及你看過的書，將決定你的一生。」這本書一定可

以幫助你獲得財務自由，請務必仔細研讀，因為它將是一個可以讓你窮者變富，富者變貴，而且是平凡人一輩子翻身的契機。

【前言】
當富人的野心

　　一位剛過世的億萬富翁,臨死前委託律師在紐約時報刊登了一則廣告:「我從小白手起家,一路打拚,已有花不完的錢。如今就要離開美好的世界,唯一的願望是不想把致富的秘密埋進土裡。因此舉辦了一場有獎徵答,請大家猜猜看,到底窮人最欠缺什麼呢?如果有人答對了,我就把美金100萬元送給他。」

　　到底窮人最欠缺什麼呢?短短一年內,回信如雪片般飛來,有人認為缺乏貴人相助、缺乏資金、機會、生不逢時……等,各種有趣的答案紛紛出籠。最後,卻由一位九歲女孩答對,並獨得億萬富翁的獎金。

　　答案是:窮人最缺乏當富人的野心。

　　記者好奇的詢問九歲的小女孩,怎麼會知道答案呢?女

孩回答：「因為我有一位十一歲的姊姊，她每次帶男朋友回家都會警告我：『你千萬不可以對我男朋友有野心。萬一你一起了野心，我怕我的男朋友會被你搶走。』所以，我想是不是只要有野心，就可以得到任何東西？於是我判斷，窮人最缺乏的，應該是『當富人的野心』。」

溫世仁在《成功致富又快樂》一書中提到，**成功是一種觀念，致富是一種責任，快樂是一種權利**！溫世仁剛出社會時，全家住在一個破舊的房子，他立志終結貧窮。成功後，買了一棟全新房子，他流著淚告訴媽媽及太太，這輩子什麼人都可以當，就是不可以再當窮人！

你有當富人、改變自己家裡世世代代命運的決心嗎？有成為億萬富翁的野心嗎？只要改變一些觀念，錢，是會自己流進來的。沒有無法改變的窮口袋，只有無法改變的窮腦袋。只要願意改變，透過學習，任何人都能擺脫貧窮，擁有財富。貧富，其實只在一線間。

01

財富重分配，
你無法置身事外

沒有無法改變的窮口袋，只有無法改變的窮腦袋。
只要願意改變，透過學習，任何人都能擺脫貧窮，擁有財富。

貧富一線間

窮人最可悲的地方,在於他的錢無法從生活費用轉為資本。
窮人不是沒有投資資本,是沒有投資意識。

　　一個低收入戶得到政府補助金2000元。她把2000元拿
來買了50雙襪子,在菜市場,以每雙100元賣出,扣掉本
金,一共賺得3000元。

　　另一位低收入戶,只想到他可以靠2000元做生活津貼,
全部拿來買各種日常用品,包括柴米油鹽,不過,他留了一
百元,幫自己買了一張樂透。

　　相同的2000元,前者讓2000元透過買賣變成資產,後
者卻只是換得生活費用,表面上對生活有改善,但是,錢很
快就消耗光了。

　　窮人最可悲的地方,在於他的錢無法從生活費用轉為資
本。**窮人不是沒有投資資本,是沒有投資意識。**

走進時光隧道看一看，這兩個人之後的改變。2000元經營襪子生意，一個月以後，將會有5000元的收入，賺得3000元，再拿出其中2000元經營生意，亦可再賺3000元，到了第三個月，他已賺得9000元，幾年以後，他就可以雇用一群人經營襪子王國，就能夠脫離貧窮。

事實上，許多窮人與富人的行徑完全不同。一般人給他2000元，會拿去買米或鹽，給他4000元，他會買魚或肉，給他10000元，他會買一些時尚的衣服，最後連僅存的100元，都會去購買彩券。對他來說，他的用錢方式，只想「改善生活現況」。即使是突然有了1000萬元，也只想立刻把錢換成房了，中了，最後昭告人下，他再也不是窮人了。

消費的方式，將決定我們是窮人或是富人。

有些物品無法增值，反而耗損錢財，例如：買車以後，必須負擔汽油費、保險費、修理費，即使停車，也都必須負擔停車費；金錢如果只出不進，即使有再多的錢，都會消耗殆盡。

窮人窮在不是沒有投資資本，是投資意識不清楚。如果我們有投資計畫，銀行多的是資金。就因為窮人沒有經營金錢的本事、經驗和技巧，因此惡性循環，富者越富、貧者越貧，當窮人模仿富有人的光鮮亮麗，就像青蛙鼓起肚子，和水牛比大小一樣可笑。

致富的第一步，是學習將部分生活負債式的消費轉為資

產性的消費，如果連第一步都走不出來，只好終其一生窮困潦倒了。

貧富，只有一線的差距。不妨想一想：好學生會吃飯，壞學生也會吃飯；好學生會睡覺，壞學生也會睡覺；好學生看到女生會心跳臉紅，壞學生當然也會，搞不好心跳的次數還會更多。好學生與壞學生的生活，其實有百分之九十九是類似的，只是其中有百分之一的差別，好學生就變壞學生了。富翁與乞丐之間也一樣，只有百分之一的不同，失之毫釐，差之千里。

所以，為什麼每個家庭面臨不同的命運，有的家庭大富大貴，有的則只能數著米下鍋；有的人家活得非常充實幸福，有的人家卻庸庸碌碌毫無作為……，許多人都會有這樣的疑問，為什麼同樣是人，命運卻有如此大的區別呢？思考的結果是，有人把命運的好壞歸結於家庭出身，也有人驚覺是自身的態度及選擇，決定了命運。

一個人若無法超越環境的限制，絕對做不出什麼大事。**觀念決定命運，財富源於方法**。財富狀況，根本源於每個家庭對財富的觀念。

M型社會的衝擊

我們拚命搖著槳，
但我們的背後卻有可能是尼加拉瓜瀑布。

　　大前研一提出的「M型社會」理論就明白告訴我們，這個社會結構改變了，原本常態分配下最多，也是社會安定力量來源的中產階級漸漸消失。老齡化社會來臨，人們陷入對父母的養育費、小孩的教育經費、生活費、車貸、房貸、不定期災難支出……等，壓得喘不過氣來。

　　在台灣，每年有將近15000人由中產階級陷入新貧，而且比例持續增加。

　　半數以上的朋友陷入經濟崩盤而不知所措，多的是失業找不到工作的人。很多人即將落入下層社會而不自知。很多人以為，只要咬牙忍一忍，經濟復甦的好景會再回來。

　　「M型社會的來臨，已不再是理論！」中央大學台灣經

濟發展中心主任朱雲鵬指出，台灣社會的M型趨勢愈來愈明顯，從1999年，台灣最窮家庭的平均可支配所得為31萬7千元，到2005年已降至29萬7千多元；物價膨脹，所得卻縮水約減少二萬元。

但反觀台灣最富裕家庭的最高所得，從1999年的174萬元，2005年卻增加為179萬6千元，所得提升高達五萬多元！顯示貧富差距逐年擴大，台灣M型社會即將產生的風暴不容小覷！

傳統養兒防老的觀念，如今已經不適用了。現在的年輕人會把錢拿回家孝順父母的是少數，五十幾年次的人，已是奉養父母的最後一代，被兒女棄養的第一代。

孩子自己生存都成了問題，哪有錢回家孝敬父母呢？當M型社會結構一旦形成，貧窮家庭若不改變思維，青少年問題加上老年問題惡性循環，貧富差距將會更大。

除了面對社會結構的改變，我們也必須知道產業結構的改變，大大不利於基層工作人員。由於全球化的趨勢已席捲台灣，許多機構一一被併購，人員大大的精簡，許多公司行號遇缺不補，更多白領階級將被淘汰。未來的世界，只剩下知識金領與知識藍領，公司核心幕僚薪資越來越高，基層工作人員薪資卻越來越低。

在台灣，目前已有外商與本土銀行將催收帳款、開發業

務，外包給中國大陸的客服中心，只留下比較核心的信用卡相關服務。許多公司裁撤倉儲部門，甚至業務部門改為外包。在M型社會的浪潮下，台灣的財富將被重新分配，貧者越貧，富者越富，沒人躲得過。整個產業結構改變，想一輩子當個安穩的上班族，已經成了遙不可及的夢想。

如今想靠上班，單一收入養老已經是不可能的事了。除非貪污，如果光靠上班那一份薪資，就算再怎麼省吃儉用，也很難以成為億萬富翁。可悲的是萬一不幸被解雇，或是遭遇不可預測的災難，一夕之間全家就陷入貧窮的窘境。

持續收入是一份與平常上班無關的收入。如果只是多一份不持續的收入，對生活能有多少保障呢？但一般人加班超時工作只是取得了一份不能永久的收入，若因此斷送健康，可就得不償失。因此有人說：「用生命賺得的錢都不能花，因為買藥都不夠。」

想想，萬一發生無法預測的悲劇，導致突然沒有收入，既有的經濟究竟能維持多久？失業 6個月，可能失去了愛車；12個月沒有工作，可能會失去房子；而沒有收入達18個月以上，也許就面臨了生存問題。

我們是窮人還是富人，仔細思考一下這個問題：當全家人都不工作時，維持家庭現有的生活品質，全家人還可以活多久呢？如果答案是一年，甚至幾個月，就該好好思考我們的收入結構了。

收入分兩種：

1. **暫時收入**〔如下頁表1-2-1〕：95%以上的人賺的是暫時收入。〔思考：目前的工作裡，當工作的行為一旦終止，收入是不是會歸零？如果「是」的話，那就是在賺暫時性收入。〕

2. **持續收入**：持續收入是一種每個月會讓錢自己流進來的收入，它不會隨著我們是否工作而停止進帳。

政府擁有持續收入像營業稅、水電基本費等。

財團也運作持續收入，例如：第四台業者、ADSL收月租費。

軍公教人員工作25年，年滿50歲可領約月薪8折的月退俸，且領一輩子，這也是持續收入。

在銀行存100萬元定存，利息每個月約1800元，假設利率不變，也算是持續收入。另外，股票股利、房租收入等都是符合持續收入的定義。

因此我們是窮人還是富人，取決於我們把心力放在追求暫時收入或是持續收入。

你有持續收入嗎？持續收入將等於我們的身價，假設每個月擁有1.5～2萬元的持續收入，就表示於有了1000萬元的身價（相當於存在銀行1000萬元的利息收入）。

富人專注於創造自己的身價，窮人卻專注於自己的工作收入；思維不同，結果就不同。

行業別	收入情形	行為終止	圖示
上班族	工作第1個月領第1個月的薪水。 工作第2個月領第2個月的薪水。 工作第3個月領第3個月的薪水。	一旦不做了，薪水立即歸零。	
業務	工作第1個月，依當月業績得到收入。 工作第2個月，業績歸零，再重頭打拚。 工作第3個月，還是為了收入，再拚業績。	一旦沒業績了或考核過不了，收入立即歸零。	
專業人士	工作第1個月，依當月績效得到收入。 工作第2個月，績效歸零，再重頭打拚。 工作第3個月，還是為了收入，再拚績效。	一旦自己不能工作了，收入立即歸零。	

　　　表1-2-1

財富是因為我們選擇如何累積財富的方式，它是可以規畫與預測的，就像玩一副牌，有錢人知道如何經營手上的牌；富人的觀點，就是不在乎手上有多少錢，而在於經營方式。想要擁有財富，就必須改變我們的玩牌計畫，徹底改變我們的收入結構。

向窮走？或向富走？

身為蟻奴，
連自己的命運都是別人給的，
因為牠們所創造的財富，
只不過是為了活命。

　　蓄奴蟻，是產於美洲的一種特殊蟻種。周遭的蟻穴是牠們侵略的目標，以殘暴的性格掠奪鄰近巢穴的食物，不願以勞力過生活的蓄奴蟻，以俘虜蟻奴為生、攻擊蟻巢為樂。牠們囚禁全部的活口，被抓來的螞蟻全部成為奴隸，這些奴隸的命運十分淒涼，為了生存，什麼粗活都得承受，隨著時間的流逝，這些被禁錮的蟻奴，竟也漸漸習慣了勤奮的奴役生活。

　　令人難以置信的是，蓄奴蟻每一次出擊，總是懂得留下數量驚人的雌雄蟻奴，令牠們持續繁衍後代，才能創造出源源不絕的蟻奴。

　　身為蟻奴，連自己的命運都是別人給的，因為牠們所創造的財富，只不過是為了活命。

　　每個人的生存形態不同，隨著自己的選擇，有人像蓄奴蟻，有人卻活像一隻終身幫人工作的蟻奴，辛苦創造出的財富，只不過是為了活命、養家活口。

　　如果我們已經工作很多年，卻一直無法得到財務的自由，是不是該做一些改變了？我們不能沒有任何改變，而要求財務狀況有所改進。如果要改變，是不是應該幫自己思考或創造什麼呢？首先可以問問自己這三個問題：

一、是老闆決定你的命運，還是你決定自己的命運？

　　學校畢業的同時，已經訂定好人生計畫，朝著自己的目標進入理想的公司？還是狂寄履歷表，哪家公司通知，就到哪家公司上班？

　　原本在一間公司擔任主管階級的小李，在全球合併的潮流中遭受波及，當公司被合併後，小李不幸被資遣了。當他在打包辦公室的私人物品時，小李不禁深深嘆了一口氣，過去努力了十幾年，在一瞬間全都歸零，想著每個月要付的房貸、車貸、小孩的教育經費以及不敢想像的退休金⋯⋯等，未來到底該如何是好？

雲的方向是風在決定，而人的方向是誰決定？

往往不是自己！

記得以前在某公司上班時，在打卡鐘的牆上就寫著「今天不努力工作，明天就要努力找工作。」這句話真是充分發揮嚇阻的作用。

但事實就是如此，老闆決定我們的收入、工作時數、業績額……等，甚至決定要不要繼續雇用我們；掌握自己命運的人，永遠不是自己。難怪有人說上班族就像100年前的奴隸，50年前的佃農，現在像奴蟻，當老闆在工作職場否定了我們，就誤認自己一點價值都沒有了。

一條獵狗將兔子趕出了窩，一直追趕牠，追了很久仍沒有捉到。

牧羊人看到此種情景，譏笑獵狗說：「你們兩個之間，小的反而跑得快得多。」

獵狗回答說：「你不知道我們兩個的跑是完全不同的。我僅僅為了一頓飯而跑，牠卻是為了性命而跑呀！」

這話被獵人聽到了，獵人想：「獵狗說得對啊！那我要想得到更多的獵物，得想個好法子。」

於是，獵人又買來幾條獵狗，凡是只要能夠在打獵中捉到兔子，就可以得到幾根骨頭，捉不到的就沒有飯吃。這一招果然奏效，獵狗們紛紛去努力追兔子，因為誰都不

願意看著別人有骨頭吃，自己沒得吃。

過了一段時間，問題又出現了，大兔子非常難捉到，小兔子好捉。但捉到大兔子得到的獎賞和捉到小兔子得到的骨頭差不多，獵狗們擅於觀察發現了這個竅門，專門去捉小兔子。慢慢的，大家都發現了這個竅門。

獵人對獵狗說：「最近你們捉的兔子越來越小了，為什麼？」

獵狗們說：「反正沒有什麼大小的區別，為什麼費那麼大的勁，去捉那些大的呢？」

獵人經過思考後，決定不將分得骨頭的數量與是否捉到兔子來分，而是採用每過一段時間，就統計一次獵狗捉到兔子的總重量，按照重量來評價獵狗，決定一段時間內的待遇。於是獵狗們捉到兔子的數量和重量都增加了，獵人很開心。

但是過了一段時間，獵人發現，獵狗們捉兔子的數量又少了，而且越有經驗的獵狗，捉兔子的數量下降得就越厲害，於是獵人又去問獵狗。

獵狗說：「我們把最好的時間都奉獻給了您，主人！但是我們隨著時間的推移會老，當我們捉不到兔子的時候，您還會給我們骨頭吃嗎？我不得不為自己私下儲存一些骨頭啊！」

　　這就是主雇之間的關係。想靠一家公司養老，在現今的社會是幾乎不可能的事。企業主有企業主的壓力，財務問題必須靠自己解決，老闆的工作是發薪資給我們，不是讓我們致富。故事中的老狗，當自己對於大環境還有利用價值時，沉浸主人的禮遇中，等到某天發現自己競爭力不再，才驚覺連生存的意義，都完全掌握在主人的控制中。

　　我們必須決定自己的命運，不要忘了工作時，青春及最偉大的人生價值正一點一點的消耗。工作，是為了實現人生價值，創造自己的核心能力。如果工作職場裡學不到任何東西，大可一腳踢開老闆。

　　工作，是為了學習，不要貪圖老闆給了多少錢。錢，是自己會流進來的，必須懂得方法。如果光靠工資就想致富，是不可能的，而且，光靠上班那一點微薄的薪資，根本連養老都不夠。隨著年齡增長，新人會在職場上搶走最好的工作。我們不能不做任何改變，而要求財務狀況有所改進。別讓自己人生的路越走越窄，如果要致富，是不是應該幫自己創造什麼呢？

二、你是單打獨鬥，僅靠自己的生命賺錢，或是擁有一個系統幫你賺錢？

　　一般人不論是上班族或開店當老闆，都屬於單打獨鬥的

模式，有做才有收入，沒做就沒收入，用生命賺錢，只能追求溫飽與安定。用生命賺錢的家庭，無法承受巨大的意外風險，一旦發生意外，不能再工作了，全家隨即經濟崩盤。

所以，你是一個人單打獨鬥，沒有創立任何的組織或致富系統，只靠著時間換得收入嗎？如果「是」，一個人單打獨鬥，可以拚出多少財富呢？

台塑王永慶，只有小學學歷，但是他全球有4萬名員工，每個員工每天工作8小時，每天就有了32萬小時在為他賺錢，也就是我們工作一輩子賺的錢，王永慶一天就能賺到。

有人說，**全世界的巨富都在做兩件事情：⑴建立系統；⑵尋找頂尖的人才**：以建立更大更棒的系統幫他們賺錢。他們都懂得運用別人的時間和金錢致富，但卻沒有一個有錢人是靠單打獨鬥而致富的。

如果我們已深知這個道理，還會選擇當一個孤軍奮鬥的孤獨者嗎？

三、你已經決定活到老、做到老了，還是有累積持續收入的計畫？

瑞士洛桑管理學院曾經調查，台灣人一年的工作時數居

全球之冠，每年工作要2282小時，但是根據人力銀行的調查，工時最長的台灣，其中9成上班族都有加班的經驗，但是有半數以上的人，加班完全沒有加班費。

如果不喜歡眼前的工作，那麼長時間、長年的工作，像不像人間煉獄？愛上我們的工作，或找一個我們愛的工作吧！人生，是來享受的，不是為了錢而忍受的。

一般人只是隨機選擇自己的工作職場，哪個公司通知，就在哪家公司上班，甚至一做就一輩子，不知老之將至。這麼長的工時下，完全失去時間的自由，每天除了上班之外，就是紓壓，或是睡覺，很少時間可以追求自己人生的理想，最後將自己的生命賣在工作上。

除了沒有時間自由外，有些人長時間的工作，健康也會亮起紅燈，因此連健康的身體都保不住。往往在路上碰到開計程車的朋友，每天工作十五小時以上，這樣賣命的工作，收入卻不見得相對的增加。競爭者變多，顧客消費能力不斷下降，當掙錢的速度趕不上通貨膨脹時，追求品質好一點的生活竟已變成遙不可及的欲望。這時我們的財務，如何可以獲得自由呢？

以上三個問題，答案如果都是前者，那向貧走的跡象就很明顯了；為了避免向貧走，必須有計畫的規畫我們的時間與目標，在M型社會裡往富有的那一邊移動。

M型社會選邊站

就像北極的冰山一樣，
中產階級正在急速的消失當中。
未來，
不是極有錢，就是極度貧窮，沒有中間地帶。

　　絕對不要選擇貧窮的那一邊。觀念與行為，決定我們是向M型社會的貧窮，或是向M型社會富有的那一方移動。在中產階級崩塌的同時，必須要重新檢視自己，看看自己正在往哪個方向走。

　　根據統計，全台每戶平均負債110萬，包括房貸、車貸、信貸、卡債等，於是愈來愈多人成為月光族，甚至落入負循環的泥沼裡。

　　「我的家庭真可愛，溫馨美滿又健康。」對不少孩子是遙不可及的夢想！兒童福利聯盟發現，愈來愈多孩子僅和手足居住，或親人因生計疲於奔命，形同處於獨居狀況，兒盟認為，這是台灣社會近年來，受到貧窮所導致的新興社會現象。

根據內政部統計，從1997年開始，國內低收入戶逐年增加，每年以平均6.53%的速度增加，表示台灣的低收入戶，每年增加將近5000戶，「低收入戶」正以驚人的速度成長！

台灣到底有多少窮人？年年增加7.59%的窮人，以現今低收入戶的人數統計，每年有將近15000人淪為低收入戶的一員，受到產業外移、失業率增加、薪資成長跟不上物價成長等影響，貧富差距嚴重惡化的程度，從1980年的4.17倍，如今已擴大到6.03倍！

「富者越富、貧者越貧」的現象日趨明顯。平均每五個有養小孩的貧窮家庭，至少有一個處於兩代貧窮循環中，繼續窮下去。所謂「貧窮循環」，指出生於貧窮原生家庭的第二代孩子，長大自立後，依然擺脫不了貧窮。

貧窮，是會遺傳的。現在，馬上全面檢視家裡的經濟狀況，看看家中的財務狀況是正循環或是負循環。

負循環

檢視自己是不是在每個月領薪水的日子還沒來臨之前，卻已經等著付房貸、車貸、卡費、小孩的補習費……等，對

　好的生活品質已經麻木，完全忽略養生風潮，遺忘健康運動的重要？

　　每天忙著工作，賺著辛苦錢，唯一內心的對談是：我好忙、我好累、我沒時間、只想多休息……這類的心聲？

　　當別人的父母為了家人及孩子的均衡營養在用心，負循環的人會說：「有飯吃就算不錯了！」當別人的父母為了讓家人及孩子遠離化學毒害而把關，我們卻不斷從不知來路的廉價商場抱進大批含有強酸強鹼，足以致癌的的廉價日常生活用品，完全不顧慮現在每三人就有一人罹患癌症的事實；讓孩子讀書，只為了畢業後趕快賺錢？

　　生命，只是為了賺錢；賺錢，只是為了過日子。至於要做到何時退休？也許不知道，可能要做到沒力，做到斷氣吧！只希望走的時候，還有錢可以辦身後事。

正循環

　　窮人與富人，思想方式與行為模式完全不同，窮人追求金錢，富人追求生活品質，甚至長生不老。

　　羨慕這種生活嗎？不用擔心任何的花費：買東西不用看價錢，出國不必找時間，這個月錢還沒有用完，下個月錢又會自己進來。可以注重生活品質，任何養生、運動、孩子的教育和休閒，用營養食品讓全家得到源源不斷的精力及永恆

的健康。因為錢自己會源源不絕的流進來，同時又去理財，讓錢為我們創造更多的持續收入。

這一輩子，我們一定要在大腦裡植入「持續收入」的觀念。

負循環的家庭過著「將就」的生活，而正循環的家庭是過著「講究」的人生，這兩者在生命的品質上是天差地別。看清自己現在過的是怎樣的生活，現在的我們，是在哪個循環裡呢？

美國CNN電視台在雜誌上放了一個全版跨頁的廣告，是個八代同堂的畫面，說明寫著：「照片拍攝於2035年，拜現代科技之賜，人類壽命可以活到140歲！準備好為你75歲的孫子過生日了嗎？」

這也表示未來我們可能會工作到75歲，可是有什麼公司會聘任我們到75歲呢？還有能想像當我們75歲退休後的生活，還長達65年以上，而我們有足夠的錢和持續的收入，度過漫長的歲月嗎？

長壽對貧窮人而言，是很尷尬的禮物，因為**人生有兩個遺憾，小遺憾是人死的時候，一堆錢還沒有用完；大遺憾是當錢用完時，人還沒死。**

所以，退休是無法逃避的問題，我們可以不結婚、不生小孩、不買房子、不買車，但我們可以不退休嗎？退休到底

是年紀到了就可以退休，還是準備好了才能退休呢？究竟有多少人願意正視這一點？根據統計，台灣平均一天十二人自殺，四人搶劫，80%都和錢有關，最近有一個計程車司機在路邊自殺，當他被發現時，身上只有一本剩下兩百元的銀行存摺。

因此這是個關鍵時刻，在中產階級崩塌，M型社會即將形成的同時，我們必須確定不要落入貧窮的陷阱裡。換掉原本舊有的思維，注入新的思考模式，獲得新的財富知識，財務知識一旦到位，經濟狀況將因此改變。

曾經有一位守財奴，有一天傾盆大雨，屋頂卻漏水了，鄰居問他：「你那麼有錢，為什麼不修屋頂呢？」

守財奴說：「現在下大雨，要修也是等晴天再修。」

天氣放晴了，鄰居又問：「為什麼還不修屋頂呢？」

守財奴說：「現在又沒有漏水，為什麼要修理呢？」

有許多人會利用拖延或猶豫不決，來決定任何事情，殊不知居安思危的重要，因為「預防」勝於「治療」，唯有未雨綢繆，才能防範難以估計的損失。

我們都以為有無限的未來，直到有人告訴我：「不要一直以為，好像還有1000年可活。」因此，我們不能再猶豫不決了，也不能空等大環境景氣變好，必須是靠自己選邊

站，是要選擇當有錢人，或是選擇當窮人，當大環境在改變，永遠提供有智慧者一個最好的時機。

02

建構持續收入

經營財富，就像玩一局撲克牌。
不管現在拿的是什麼，都要好好經營手上的牌。
所要做的，不是清數眼前有多少牌，而是如何贏這副牌。

貧窮，是教出來的。

賺錢是一種遊戲，
這個巨大的遊戲，
如果我們不清楚遊戲規則，
根本贏不了！

　　巴菲特說：「如果你玩撲克牌遊戲，經過二十分鐘還不知道誰是凱子，那麼凱子就是你。」賺錢是一種遊戲，這個巨大的遊戲，如果我們不清楚遊戲規則，根本贏不了！

　　貧窮，是教出來、會遺傳的。從小養成舒適型的消費，是讓貧者越貧窮的最大原因。財富要是透過學習而來，一般的父母，只會教孩子多讀書，很少教孩子理財知識，學校的課程也很少設計（通常老師自己不知道），每個人自己摸索一輩子。長期時間與資產的耗置，因此拖垮一生，也連累好幾代的命運與未來。

　　如果看過《富爸爸，窮爸爸》這本書，將會發現，大多數E象限與S象限的人，是因為聽信其他同象限人的建議，才會走不出貧窮。賺錢是一種遊戲，大多數人不知道如何玩

這個金錢遊戲,可是這個巨大的遊戲,如果我們不清楚遊戲規則,根本是贏不了的。富有的人熟絡金錢流向,在流向處早已建好水庫,輕鬆等著大筆金錢流入。窮人（E、S象限）與富人（B、I象限）思考與努力的方式不同,完全依循兩個不同的遊戲規則。

財富是建立對物質的基本價值觀,教導孩子們如何存錢、花錢並生財的過程。亞洲鄰近國家如日本,所實施的長子繼承制,以「苦其心志,勞其筋骨」的方法,來教育下一代的「財富達人」；德國最資深的投資銀行梅茲勒家族,談到富過三代的秘訣──「不讓小孩關進金鳥籠」,培養後代的方式採用最平民的生活模式:走路或搭公車上學、讀最普通的學校、和同學一起玩耍、一起生活、吃相同的食物……等。猶太人原本就有一套積極正面的財富教育觀念,教導小孩正確的用錢方式。

首先,**不要亂花錢,要有計畫性的花錢**。「富不過三代」,並非是打不破的魔咒,能夠富超過好幾代的家族,都非常嚴謹培養後代「財富」觀念。從小富足的生活,容易養成孩子奢華的性格,舒適型的消費,無意識的逛街血拼,往往家裡經濟出了問題,孩子早期養成的奢侈習慣,從此禁錮一輩子。

高雄一位中年媽媽,工廠倒了之後每天悶悶不樂,最

後竟自殺8次。令她痛苦的來源是因為兒子積欠了高額卡債，每次銀行打電話來催討，父母就代為繳納，沒想到兒子變本加厲，愈刷愈多，這位媽媽不勝其擾，數度自殺未遂，向媒體泣訴：沒想到老來不得閒，年輕時打下的經濟基礎，也因為幫小孩還了幾百萬的卡債，讓老年生活頓時陷入困境。

　　卡債積壓，多少卡奴不知如何償還負債，凸顯國民理財教育不足，卡債的高利率會要人命，無論是否受過高等教育，都應該知道這種理財常識。

　　現在年輕一代習慣「先享樂、後負債」，等於是把未來的收入提前預支、甚至超支，不僅扼殺了自己的金母雞，所付出的代價竟是背負無法償還的債務。國際生命線曾統計，因經濟困難、現金卡與信用卡債的求助電話逐月激增，每月高達600多通，且年齡層集中在25～35歲，近年來年齡更有下降趨勢。年輕人還不起卡債，連帶也拖累了父母。

　　現在年齡在30歲以下的新世代，從小生長環境優渥，主要是父母經歷了台灣50、60年代經濟快速起飛，及股、房市大漲過程，財富快速累積，因此都希望給孩子更好、更充裕的未來。不過這些突然具經濟實力的父母，卻可能教養出「何不食肉糜」的下一代。

　　從小衣食無虞的新世代很難想像：「錢會有不夠用的一

天。」當然也無法培養出對經濟或財務的憂患意識。許多出了社會的年輕人，還是選擇住在家裡、讓父母養，自己賺錢自己花，如果不夠花，還情商父母救急。

至於更年輕的孩子，父母雖然也想給他們最好的未來，但經濟實力卻大不如前。這是因為台灣正步入已開發國家，經濟成長力道趨緩，加上不景氣讓企業凍薪，許多父母關心的是如何保住飯碗，不敢奢望升官加薪，或是靠房地產、股票大賺一筆。這些被房貸、孩子教育費壓得喘不過氣來的父母，根本無法像上一代父母一樣快速累積財富。

可以想見，這一代的父母已經沒有能力供養，畢業後經濟還無法獨立的小孩。如果未來孩子變成月光男或是敗金女，自己賺錢不夠花，欠債一大堆，還要父母代為收拾殘局，很可能拖垮父母的經濟，侵蝕退休老本，這時的養兒就是「煩惱」，更不用期待養兒「防老」了。

千萬不要在年輕就開始負債。趕快處理負債，否則別說是累積財富儲蓄未來，有可能，負債將直接預告未來的貧窮人生。

腦袋決定口袋

比爾蓋茲：
拿走我所有的財富，把我丟在沙漠，
哪怕只要一個商隊經過，
我都會再次成為世界首富。

　　有一個千萬富翁每天在公司裡忙進忙出，指使員工做這個做那個，每天忙得要死，再怎麼賺還是只賺到同樣的錢。

　　某天，他認識了一位億萬富翁，他問億萬富翁每天都在做什麼，億萬富翁帶著千萬富翁去看看他每天在做的事，就是和其他的億萬富翁打打高爾夫球、喝喝茶、聊聊天，交換一些意見。千萬富翁覺得很驚訝，為什麼這樣就可以成為億萬富翁，於是也試著開始這樣做。

　　原來這群億萬富翁聚在一起，所討論的任何商機，都是千萬富翁沒想到，所以當千萬富翁開始擁有億萬富翁的腦袋後，也不知不覺在三年內成為億萬富翁。

窮人看口袋，富人看腦袋。窮人一股腦兒只想留財富給孩子，不知留下財富給子孫，不見得能提升他們的生存能力。給人錢財，拿人手軟；從小，就不應亂給孩子零用金，或養成孩子奢華的習慣。

知道沃爾瑪集團的華頓家族，是世界上最富有的家族嗎？他們所奉行的財富教育核心理念是「勞動讓人有價值」。離開人世的董事長山姆‧華頓（Sam Walton），生前從不給孩子零用錢，因此四名子女從小就開始「打工」，包括修補倉庫的房頂、晚上幫忙拆裝簡單的貨物，或是在商店裡擦地板……等，老華頓則以 般工資的標準給付子女。

羅布森‧華頓（Robson Walton）是現任臥爾瑪集團的掌門人，十分感恩當年兒時的鍛鍊，他指出：「因為童年的訓練，讓我喜歡自力更生的感覺！」

溫世仁曾說：「對子女的支援，應以完成教育為原則；留下財富給子孫，只會削弱他們的生存能力。」因此，如果你已身為父母，應該早點培養孩子的財務智商，想給孩子好的未來，就從傳授理財教育開始吧！

幫自己及下一代換一個億萬富翁的腦袋。**想要脫離貧窮，唯有不斷學習財富知識。**

博恩‧崔西是當今全球最負盛名的成功策略大師，一個來自中下階層家庭的孩子，高中因貧失學，受限於知識

貧乏及學歷不足，在20至30歲的黃金歲月，從事的職業是洗碗工、鋸木工、建築工、船工、加油站小弟、黑手工人，收入僅能果腹，甚至無家可歸，以車為床，露宿街頭。

30歲那年，他不斷反問自己：「為什麼有些人總是比別人成功？我該如何改變命運，脫離貧窮的宿命？」他發現，改變的關鍵來自於不斷學習、願意嘗試、堅持夠久，這樣就能提高成功的機率。

有錢人永遠知道如何隨季節播種，如何抓住趨勢。比爾蓋茲說：「拿走我所有的財富，把我丟在沙漠，那怕只要一個商隊經過，我都會再次成為世界首富。」財富的穩定，存在於不斷學習之中。因此，想要永遠成功，只有永遠學習。要知道，上一個世紀成功的理由，往往是下一個世紀失敗的原因，未來四年之內，至少有四分之一的知識會過期。

很難想像，許多大學生畢業之後就很少看書，不知大腦所學的知識已經過期。大腦的知識過期，無疑自己在知識經濟時代裡，失去自己最重要的的競爭力。沒有競爭力的人們，只能以人類最不擅長的勞力、生命及勞動換取金錢。但有些時候，人力確實連機器都不如。超時的加班，徹夜的工作，卻忽略人類優於禽獸的大腦。是什麼教育環境下，使人們不愛學習、忘記學習？

洛克斐勒說：「整天工作的人，沒有時間賺錢。」千萬不要為了多賺錢而超時工作，也千萬不要兼職，除非工作本身能為我們帶來學習與成長。

　　如果我們的經濟出現問題，首先應檢視的是大腦。目前我們的財務狀況，絕對是大腦價值的投影，想致富，必須先擴大自己的視野格局。一隻蜜蜂停在螢幕上能看到什麼？只能看到雜亂無序的光點，除非起飛，在自己真正重要的領域，投入更多的能量，才可以創造更多的收入。

　　Wii為什麼會Win？

　　從二十一世紀開始，電玩市場已經是名副其實的紅海市場，競爭更加白熱化。此時Wii運用創新的策略，成功開創電玩市場中的藍海。

　　革命可以說是電玩的代名詞，從早期知名的任天堂紅白機（FC）出現，賦予電視新的生命，讓電視在家庭中有了新的娛樂功能；之後Sony推出的Sony PS更是另一波電玩革命，PS超強3D處理器與遊戲光碟化，使電玩的畫質更加賞心悅目。

　　Sony藉由PS的成功經驗，陸續推出功能更加強大，畫質更加細膩的PS2以及PS3；同時間微軟也推出強調影音及多媒體娛樂功能的Xbox360，使得電玩市場產生白熱化的競爭，各家主機廠商為了爭奪電玩霸主的位置，無不加強主

機的3D處理畫面、硬體規格、多媒體娛樂功能等,但卻忽略玩家享樂的本質。

在大家還在電玩的紅海市場中廝殺,任天堂早已規畫出自己的藍海策略,並推出新一代的革命主機Wii。Wii的設計理念是要開闢廣泛市場年齡層的電玩族群,讓以前完全不碰電玩的人也投入電玩市場。Wii的遊戲手把使用3D定位的操作方式,並且擁有互動功能,「動作感應」手把引領玩家進入人機一體的境界,在電玩遊戲中,玩家可以是投手、網球員、拳擊手,甚至化身為正義的警員,手持強大武器對抗邪惡勢力。如果說把電玩當作是電影的話,PS3與Xbox360提供的是強大的視覺享受,但Wii卻讓我們成為電影中的主角,去開創屬於自己的劇情。

因為任天堂的創新,所以創造出目前電玩史上最具魅力、最具包容性的電玩主機,讓任何年齡層的玩家,甚至是完全不懂電玩遊戲的人,都能在Wii上享受極致的樂趣。

Wii抓住自己的核心價值,在自己真正重要的領域,投入更多的能量,因此可以在短時間內席捲全球。

是不是搞錯工作的目的了?!

老闆的任務是提供我們薪資,
讓我們在公司學習、實現人生價值。
至於如何致富,那就是自己的事。

創造個人的願景,實現自我目標,就是工作的價值。

有三位意氣風發的少年,十分熱愛乘風破浪的海上活動,尤其愛上駕馭船的快感。二十年後,三個人依然對開船有無限的愛好,卻創造了不同的生活。

少年甲買船當漁夫,每天在漁港來回穿梭,開近海漁船的他,為了家庭、小孩的開銷,必須趕每日的清晨漁貨市場的批發,早出晚歸的生活壓力,壓得他喘不過氣來,所以開近海漁船是件苦差事。

少年乙買的是阿拉斯加郵輪,每一趟遠行,都是重達數千公噸的郵輪,載著上千名來自世界各地的觀光客,欣賞美麗的冰河、冰川,對他來說,開郵輪充滿了生活樂

趣。

　　少年丙購置私人遊艇，每年一定遠征各地，挑戰不同的海域，更由於事業飛黃騰達，有數千名業務人員為他工作，創造數千萬的年收入，因此每年開私人遊艇要花好幾百萬元，他認為駕駛私人遊艇是在享受人生。

　　同樣是開船，生活的品質卻天差地別。

　　任何EQ高手都認為，當工作的焦點放在追求生命的樂趣時，不但愈做愈有趣，而良好的工作表現，就愈可能累積財富。工作是為了帶給我們人生價值，在工作中可以找到生命的旋律，讓我們有成就感。創造個人的願景，實現自我目標，這才是工作的價值。

　　一般人背負「為錢而做」的沈重心情，一旦工作遇到任何阻力，極易陷入無奈的痛苦之中，不但讓生命空轉，也離財富愈來愈遠。切記：工作不是為了賺錢或養老。年輕時努力工作，年老時要靠公司養老，靠公司照顧我們一輩子，這樣的事在這個世代簡直是天方夜譚。老闆的任務是提供我們薪資，讓我們在公司學習、實現人生價值。至於如何致富，那是自己的事了。

　　不要搞錯財富的定義，拚命用工作與生命換取金錢。

　　一個事業心強的男人，天天忙到三更半夜，年過三十

五歲的他，還沒有娶老婆，雖然現金存款直衝七位數字，但是幸福基金卻是O。

生命就像一條好長的路，他努力每天盤算著，究竟要賺多少錢才能付清房貸，有足夠的經濟基礎娶妻、生子。過度的操勞，這一天，一個噩耗突然傳來，醫生宣判他得了惡性腫瘤，為什麼他的人生並沒有「從彩色變為黑白」呢？

因為過去的日子以來，這個男人的生命一直都是「黑白」的，現在即將走到人生的盡頭，卻流下了後悔的眼淚。

就算貴為醫生、律師等，都不該用時間交換金錢，但為了保持家庭與工作之間的平衡，使大部分人失去理想陷入瘋狂狀態，彷彿大家不需要時間，只需要金錢！

根據調查，65%的國人希望生活的節奏放慢，過著優閒的生活，因為61%的人表示，花費太多時間只為了養活自己，並沒有時間去享受生活，81%受訪者更期待與家人在一起，56%的人則強烈渴望將時間，投資在個人的興趣及理想上。

《無限的財富》一書的作者指出，未來社會的最大機會是流通領域，而非生產領域，因為有許多技術，尚未在流

通領域裡應用，許多流通領域的大型企業，他們的成功之道，在於教育顧客新產品與服務的知識，改善他們的生活。

究竟人的一生能夠賺多少錢呢？我想這是個十分值得深思的問題，如果是體育健將，像老虎伍茲20歲時已經賺1600萬美金，或是麥可喬丹擁有傳奇般的收入，因此有成千上萬的青少年努力練球，夢想自己成為下一個體壇的明日之星！

看到這些人，會想到什麼呢？要注意的是，並非現在賺多少錢，或願意投入多少努力在工作上，也不需考慮自己有多少才華。要知道的，是錢的軌跡，只要知道錢的軌跡，要賺到錢，其實是一件容易的事！

許多人像一隻每天在籠裡隨著轉輪快跑的倉鼠，每天為了生活費、車貸、房貸、子女、教育等，忙得團團轉，不論跑得再快，還是在原地打轉，即使累得要死，還是依舊無法停下來，也找不到出口。如果我們得為倉鼠籠裡的生活費、車貸、房貸、子女教育等費用忙得焦頭爛額，記得得幫自己想辦法找到出口，學學億萬富翁正在想的事，就可以不用困在倉鼠籠裡發愁。

必須思考的是離開倉鼠籠的方法，不能用原本習慣，無意識奔跑的倉鼠思維來思考。現在的我們，是過去的自己的

思考方式,而走至今天這步田地,維持同樣的行為模式,不可能成為我們夢想中的人。

我們應該學著用工具賺錢,不是耗盡自己的生命來養家。我們必須是為了累積競爭力,忙著訂系統,或建構自動生財的器具而工作。千萬要記得,凡是用時間、生命換得的錢都不能花!很多人上班或開店,可能日以繼夜不斷的工作,他們永遠是在用生命去換錢。

財富不應該用生命賺取,財富應該是擁有系統,讓它源源不絕的出現。

學會讓錢自己進來

有錢人早已掌握賺錢的技巧，
聚財的管道與模式早已建立完成。
他們在財富流動的趨勢端已經建好水庫，
只等著讓金錢自己流進來。

　　人類的財富分配從第一波土地、工廠、電腦、網路，到現在的第五波，已經又進入了另一種領域，藍金、生化科技。1970年代是微波爐、1980年代是錄影機、1990年代是電腦和互聯網。在1980年代把握機會者，現在都已成為百萬富翁；在1990年代把握機會者，則已成為億萬富翁。

　　有錢人早已掌握賺錢的技巧，聚財的管道與模式早已建立完成，或在財富流動的趨勢端已經建好水庫，只等著讓金錢自己流進來。

　　許多富足的國家，從小就把孩子的財富教育擺在學習目的的第一位。從民間到政府都致力推廣，他們認為與其無止境供給孩子金錢，不如教他們學會增加財富的方法。

在日本基金經理人村上世彰，就是富爸爸教育下的少年得志者。村上世彰從念小學四年級時就學會炒股票，村上的父親在他就讀大學時，丟給他一千萬日幣的零用錢，告訴他說：「從現在起你的財務就自己獨立吧！別再來向我要錢了！」

於是他把一千萬去投資股市，將資金翻了好幾翻，賺得好幾億的資產，又將這筆資金成立AMC資產管理公司，短短幾年間，他的公司資產又再翻了幾百倍。

美國股神巴菲特從很小就嶄露了極高的財務智商，他十四歲時，利用送報賺來的1400元美金在內布拉斯州買了一塊約四十畝的農地，然後出租給人賺取租金，小小年紀就做了地主。

如果在存取人生中的第一桶金的同時，能夠多充實自己的財經知識，從中找到適合自己的理財模式，那就可能是我們未來的致富因子。從小打開財務的視窗吧！認知**財富秘密：財富是自己來的，不是用勞力取得的**。所以，要知道方法，有了方法，自然會有路帶我們到想要到達的地方。

我們亦可用更聰明的方法累積財富。學校裡只教我們不要不勞而獲，卻很少教我們如何一勞永逸。致富的關鍵，是學會槓桿操作，做一次，得更多。

我們大可選擇讓自己致富的行業別，如果這個行業又是

自己的興趣，那我們的人生已經完整一半了。只可惜很多人，終其一生不知自己有其他選擇，跟跟蹌蹌走了一輩子。

如果你還在持續徬徨，用許多笨方法在累積財富時，請好好閱讀以下故事：

一個農夫養了一隻母雞，有一天農夫發現牠每週都產下一只金蛋。

農夫把金雞蛋賣了，到城裡招搖花費，但金雞一週只下一只金蛋，很快無法滿足奢侈的農夫。這天，農夫竟異想天開把母雞殺了，想一次得到所有的金蛋。

結果呢？母雞肚子裡什麼都沒有。

擁有一隻持續生金雞蛋的母雞，多麼令人羨慕。這一生，我們所要做的，就是發明這隻會生金蛋的母雞。有了自己生金雞蛋的母雞，等於擁有持續收入。

個人是這樣，企業主也一樣。企業家看到的，是製造更大的系統，與獨立運作的賺錢體系，而上班族卻貧瘠得只想到更多的工資。不同的財富觀點，導致不同的結果。

透過學習，把觀念的轉變，讓自己換一個億萬富翁的腦袋！

學習把負債變資產

貧窮的人為有錢人工作，
貧窮的子孫就得替有錢人的子孫工作，
一代接著一代。
除非有人發現打破這個窠臼的方法，
否則貧窮是會遺傳的。

貧窮是一種習慣，不是口袋金錢的多寡。

每個人每天的時間是相同的，有人利用它來打工，賺取約八十元的工資。也有人將時間拿來教書，每小時賺取約五百元，也人拿來上網咖，但是要付三十元場地租借費，時間擺在哪，可以決定我們是不是富有的人。

錢也是一樣。別小看金錢，區區幾個買香菸的零錢，只要擺對地方，也可以輕易脫離貧窮。**貧窮，其實是一個觀念問題，貧與富只在會不會使用知識與工具**，如果懂得運用零錢，加上複利概念，窮人也可輕易翻身，甚至成為億萬富翁。

如果每天存四十元，每年約存一萬四千元，找一個年

獲利百分之二十的機器，用複利滾存，能想像嗎？四十年後，會擁有多少錢，答案是將擁有超過一億的資產。

不同的人把金錢放在不同的地方，對金錢做不同的投資。而洞悉致富的方法後，賺錢，只是簡單的把事情重複做。有錢人洞悉這個方法，週而復始重複做相同的事。而窮人也依循自己的方式，任憑資產不斷萎縮。

學學成功者，把金錢運用在什麼方向非常重要。

窮人丈夫興匆匆的買了雞蛋回家。

窮人丈夫對老婆說：「如果用這顆蛋孵出一隻雞，經過雞生蛋、蛋生雞，再用一群雞換一隻羊。」老婆聽得入迷。

「大羊生小羊，成群的羊再換成牛，大牛換小牛，賣了牛就可買田、蓋了房舍。」老婆聽得兩眼都成了心形。

「成了大富翁，讓我娶個小老婆好不好？」

結果，聽得入神的老婆氣得大發雷霆，把蛋拿起來往地上一丟，頓時的美夢立刻破碎！

窮人花錢的行徑，與富有的人的花錢行徑完全不同。當一個人手中只有一個蛋時，哪怕只是輕輕一碰，都可能全部玩完了。因此窮人資本愈小，相對承受風險能力愈小。想

想，當天氣稍微暖和一點，先融化的一定是小雪球，因此窮人的雪球若不大，每當經濟不景氣，窮人一定首當其衝，受到波及。

其實，簡單的改變消費支出，也可以輕鬆致富。在著名的暢銷書《富爸爸，窮爸爸》一書中，作者羅勃特清崎（Robert T Kiyosaki）一針見血道出一般人最常犯的理財謬誤，他說：**「富人和窮人最大的差別，在於對資產負債的觀念不同。」**

所謂資產，就是買了之後，還可以生財，能把錢持續放進口袋裡的東西，而負債，就是用了就沒了，只是把錢從口袋取走。如果想變成富有，需習慣性的選擇購置資產；而窮人沒有這個觀念，因此不斷買入負債。也就是因為一般人常分不清楚資產和負債的差別，而一再買入他們以為是資產的負債，造成世界上絕大多數的人，終其一生都在財務的泥沼中掙扎。

就像很多人一有錢就想買房子，但是房子到底是負債還是資產呢？

對絕大多數的人來說，擁有一棟屬於自己的房子就有了安定，也是人生最大的夢想。如果你也這麼認為：房子等於資產，那麼就是修正觀念的時候了。當我們貸款買了房子之後，房子會不斷產生支出，包括每個月的貸款，還需繳各種稅、修繕費用……等，好端端的資產卻形成負債。

　　房子自己住，不能產生營收。但是把房子拿去出租，帶進來的租金除了付房貸還有剩餘，那房子就是資產了。同樣的，車子也是如此。買車後還需要付車貸就是負債，但如果把車子當成生財工具，會帶進金錢，那車子就成了資產。

　　因此我們必須不斷的想，如何把原本的負債變成資產。

　　羅勃特說：「富人買入資產，窮人只有支出，中產階級買入他們以為是資產的負債。」富人不做自己能力範圍不及的事情，富人總是最後才買奢侈品，因為他們都將收入變為可不斷再產生收入的資產，以至於資產像滾雪球一般，最後終於累積成畢生用之不竭的龐大財富；相反的，在窮人的資產負債表上，總是負債大於資產，因此須不斷努力工作，才能追得上那重重的負債。

　　我們所要做的，再也不是花掉手頭上得來不易的錢，填補購買負債產生的現金缺口，而是學習投資的知識，讓月收入與資產相互投資，習慣透過投資，產生正的現金流。

　　全美國企業家大獎得主范德士先生表示：「貧窮的人為有錢人工作，貧窮的子孫就得替有錢人的子孫工作，一代接著一代，除非有人發現打破這個窠臼的方法，否則貧窮是會遺傳的。」而這個方法，就是把負債變資產，把消費性支出轉換成資產性的消費，藉由消費理財、消費致富的新觀念，去建構一個持續收入的系統，一個遠離貧窮的代步工具！

　　學習將負債性的固定支出，轉換成資產性的投資。

　　我們必須學會節省開銷，並讓節省下來的錢幫我們做事，讓他們倍增。有錢人節省開支，並用省下的金錢投資。沒錢時，不管多困難，富人也不會動用投資和積蓄。

　　壓力使窮人抱怨，使富人找到賺錢的新方法。性格形成習慣，習慣將決定是否成功。有一則故事值得深思：

　　一個富人送給窮人一頭牛。

　　窮人滿懷希望開始奮鬥。可是牛要吃草，人要吃飯，日子很難熬。

　　窮人於是把牛賣了，買了幾隻羊，吃了一隻，剩下的來生小羊。可是小羊遲遲沒有生下來，日子又艱難了。

　　窮人又把僅剩的羊賣了，買成雞。想讓雞生蛋賺錢為生。

　　但是日子並沒有改變，最後窮人難抵欲望，把雞也給殺了。

　　最後，窮人的理想徹底崩潰了。

　　這就是窮人的習慣。一般的上班族，以為薪水就可以致富，讓上班族變得富有不是老闆的職責。老闆的任務，是付給員工一份穩定合理的工資。因此工作帶來的只有工資，而不是富裕。

　　在《零元致富》這本書就提到：

　　試想：有什麼是一定必須要花的固定支出呢？其中一項應該是日常用品，因為不論景氣如何，我們一定需要刷牙、洗頭、洗澡、洗臉，不可能因為不景氣就不刷牙或不洗澡，所以日常用品是固定的支出，這些東西，用了就不會再回來了，也就是負債。

　　我們來計算一下：

　　如果一個家庭四口人，平均每個月花在日常用品上約為2500元，一年就必須花掉3萬元，五十年下來就要花掉至少150萬元。70年至少花了250萬元，這筆錢是固定的支出也就是負債性的開支。但如果一生的日用品、保養品等250萬，能夠拿來轉化成資產，那就是致富的關鍵了！

　　如果賺的錢不夠投資，我們必須先學會調整消費模式。

　　很多媽媽幫，早已知道透過消費型式的改變，也能致富。選擇市面上許多消費者聯盟、和消費者合作的超市、健康生活館，採試用會員制，大量鎖住通路。該產業致力研發對安全、健康、且不污染河川的環保產品，將大大替代來路不明、易致癌的化工產品。

　　「當會員，來試用，用到不喜歡的產品，60天內即使用到所剩無幾，也能全額退費。只要你願意，請大量介紹親友換品牌、換地方消費，公司就以合作的方式，將分紅回饋給消費者。所以不喜歡可以退錢；持續用可以省錢；介紹親友用更可以有現金分紅的機會！」一個媽媽興奮的介紹現在的

消費模式。

　　消費應該是聰明的，下一個世紀，我們也能因為消費而致富。如果產品本身價格一樣，甚至物超所值，又把一定利益回饋消費者，我們大可介紹親友，影響親友的親友們都來消費，這樣就進入了倍增市場。如果因此建構了一個月循環的消費系統，也造就一個零風險的月現金收入系統，我們也可以建立一份因消費型態改變而擁有的持續收入。這時候就是拿回一生需要花費的日常生活用品約250萬的N倍的退休俸。這就是把負債式的消費轉成資產式的消費理財、消費致富的範例。

　　現在的超市完全一改過去的經營模式，過去的客戶僅僅享用零售價格買東西，現在，顧客會想成為會員，以批發價或七折的價格買東西。未來，超市將結合消費者，只要願意推廣公司產品，用戶會得到介紹而獲得廣告通路費的比例。我們可尋找這樣的超市，學學如何消費致富。

想盡方法擁有持續性收入

金山跟銀礦，其實不值得羨慕。
與其選擇萬貫家財，
倒不如一個會持續冒出錢的杯子。

　　很多人害怕上班的收入不確定，上班族急欲尋找雙薪，下班之後還要辛勤工作，以為這樣可以遠離貧窮。其實，無論兼幾份工作，單靠工時的收入永遠無法擺脫貧窮。想致富，必須記住幾個工作原則：

一、凡是不持續的，就不值得羨慕。

　　一場關於財富的課程裡，台上的演講者問台下聽眾：「知不知道什麼定義叫做有錢？」聽眾當場愣住，有錢的定義不是錢很多很多嗎？

　　演講者搖搖頭，「如果你認為有錢就叫有錢人，表示你不懂什麼是財富的定義。」

真正的有錢人，是有健康、有時間花錢的人，而財富的定義是什麼呢？就是當全家都不工作的情況下，可以活多久？

演講者表示：「有錢的定義是：當自己不工作，或失去手邊的工作時，還可以讓自己及家人富有的活下去。」

聽眾當場傻眼，不工作，能繼續生存？這是所有學校都沒有教過的。

演講者暗示，「當有錢人不工作時，仍有之前的投資的基金、股票以及房子分租，最重要的是企業的系統日夜不停運作……等，所以有錢人每天打高爾夫球，每個月都還有上千萬收入。」

金山跟銀礦，其實不值得羨慕。與其選擇萬貫家財，倒不如一個會持續冒出錢的杯子。「持續冒出錢的杯子」，這就是持續收入的概念。

「賺多少錢不重要，能賺多久才是最重要的。」很多人窮一生之力，幾乎淪為工作的機器，卻一輩子無法致富。那些買樂透、賭博，以為一夜就能致富，他們也達到致富的目的了，不過，注意，是幫助那些投注站或組頭致富。想要致富，其實沒那麼困難。收入是心理狀況的測量數據，周遭的環境只是大腦價值的投影，簡單改變大腦思維狀況，收入就會大幅改善。

　　想想你目前的工作能幫自己帶來幾次報酬？賣的東西是一生能用幾次？今天找的客戶，是不是明天還會來消費？很多種選擇，事實上是可以帶來多次獲利。例如：詞曲的作者、分股的行銷顧問、房東收租金、發明者註冊專利、架設網站日夜收點選費用、廣告通路費、企業家架構系統收加盟金、傳直銷、保險經紀人建構組織做系統倍增……等許多行業，都有可能讓我們得到更大的報酬。

　　做一次生意，領一次，還是領N次，您選擇哪一種？

二、徹底改變收入結構。

　　現在來研究一般家裡的經濟狀況。

　　全部的總收入：＿＿＿＿＿＿＿＿＿＿＿＿＿

　　全家的工作時的收入：＿＿＿＿＿＿＿＿＿＿

　　占總收入的百分比：＿＿＿＿＿＿＿＿＿＿＿

　　全家不工作時就有的收入：＿＿＿＿＿＿＿＿

　　占總收入的百分比：＿＿＿＿＿＿＿＿＿＿＿

　　收入結構＝工作時的收入（暫時收入）＋不工作時的收入（持續收入）

　　收入結構才是決定這個家庭是富有或貧窮的關鍵因素。

大部分的家庭在工作的收入是占絕大的比例，約95%的

收入都是來自上班工時的這個部分。在不工作時的收入，如利息收入、房租收入、退休俸、版稅等，一般家庭在這個比例就少一點，大約只有5%，甚至沒有。

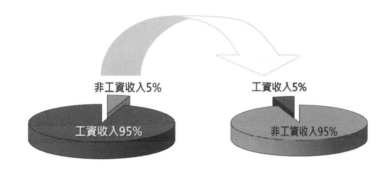

非工資收入5%

工資收入5%

工資收入95%

非工資收入95%

　　因此要改變收入結構，就必須增加「不工作時的收入」。若能將原本只占約有5%不工作時的收入提升到95%以上，就可以擁有真正的財富，並且打造一個永不缺錢的計畫！

三、全家至少有一人要創造持續收入。

　　每個車子都有第五個輪胎，就是備胎，你有為家人準備「持續收入」的備胎嗎？

　　家庭裡有兩種角色，照顧者和依賴者。負擔家裡的生

計，賺錢回家養家活口的，屬於「照顧者」，另一種沒有工作能力，就屬於「依賴者」。風險總是無所不在，如果很不幸照顧家庭的人出事了，這家人將會陷入貧窮，甚至活不下去！因為照顧者倒下來而全家頓失依靠需要社會救濟，這樣的現象在國內屢見不鮮。

其實，不需要發生意外，只要有天照顧者被老闆資遣，失去收入來源，全家的經濟重心頓時失衡。注意，大部分的照顧者每天辛勤工作，長期下來身體極可能不堪負荷，因此，往往最早倒下來的都是照顧者。

聰明的家庭知道未雨綢繆，甚至可以讓照顧者不要那麼辛苦。徹底改變收入結構，追求持續收入是唯一的選擇。因此，要遠離貧窮，全家至少要有一個人要創造持續收入。

四、影響世人脫離貧窮，共同創造持續收入。

人一定要在順境時，想想危機在哪裡！什麼時候創造出持續性收入，就什麼時候脫離貧窮。趁自己還有體力與業餘時間，趕快為自己或家人至少累積一份持續收入！投資收益、版權收益或系統經營的利潤，都屬於持續收入的一種。全國約150萬名的千萬富翁，除了工作之外，利用業餘時間透過發展自己的持續收入系統，因而徹底擺脫貧窮，達到永不缺錢的夢想。

　　因為上班收入不確定，下班之後還要辛勤找第二份工作，別以為這樣可以遠離貧窮。再提醒一次，無論兼幾份工作，靠工時收入絕對無法擺脫貧窮。凡是不持續的收入，再高都不值得羨慕了，更不值得超時用健康追求。

　　另外，光靠儲蓄的利率也不足以養老。有一個朋友在三十年前公務員退休下來，拿了三百萬的退休俸，在三十年前的三百萬是相當大的一個數目，因此那個朋友覺得從此不愁吃穿，沒想到通貨膨脹的速度之快，到了現在都八十歲了，身體還很健康，但是退休俸幾乎坐吃山空，不知道還可以再活多久，但錢都快花光了，現在過著相當節儉的生活。所以對一個人來說，需要存多少才能退休呢？才能夠抵擋通貨膨脹呢？

　　聰明的人，知道利用閒暇時間，幫自己找到一份持續性收入。為了搶救M型社會的崩塌現象，我們有義務要告訴周遭的朋友，想盡辦法擁有持續收入。這是一份使命感，也是對社會的一份責任。

　　從前有兩座山，一座山上住著「一休」和尚；另一座山上住著「二休」和尚。山上沒有水。每天「一休」與「二休」都需要到山下來挑水，兩人很快地成為好朋友。

　　某一天，「二休」去挑水時，發現「一休」竟然沒出現，他想，或許「一休」生病了。第二天，「二休」再去

挑水，「一休」還是沒出現，「二休」就開始擔心了，決定去探望「一休」；上山後，發現「一休」正在大樹下打太極拳。「二休」很驚訝地問道：「一休，為什麼你沒有挑水還有水喝呢？」

「一休」回答說：「這三年來，我每天挑完水，都會利用零碎時間來挖井。現在我已經挖好一口井，井水源源不絕的湧出，從今以後，我再也不用下山挑水了！還可以省下很多時間，做我喜歡的事。」

因此，「一休」從此不用再做，「二休」卻依然不能休息。這就是「一不做二不休」的由來。

選擇比努力重要。這個故事給我們的省思是，你目前的工作是在挑水（有做才有的暫時收入）？還是挖井（不用做也會有的持續收入）？

建構持續收入

03

本世紀致富的關鍵

站在機場的輸送帶上，就算我們不動，
都可以輕易超越其他人。

致富關鍵一：選擇比努力重要

想致富，我們必須做出三個選擇：
1. 選擇行業別。
2. 選擇賺小錢或是大錢。
3. 選擇富人的象限。

　　審慎選擇、分析機會，順應時代風潮。選擇，是大成功的關鍵。

　　有一個故事：

　　有一天，小兔跑到藥店裡問老闆：「老闆老闆，你這裡有胡蘿蔔嗎？」老闆說：「沒有。」小兔就走了。

　　第二天，小兔跑到藥店裡問老闆：「老闆老闆，你這裡有胡蘿蔔嗎？」老闆說：「我都跟你說過了，沒有！」小兔就走了。

　　第三天，小兔跑到藥店裡問老闆：「老闆老闆，你這裡有胡蘿蔔嗎？」老闆急了：「我跟你說過多少次了？沒有！你再煩人，我就拿老虎鉗子把你的牙都拔下來！」小

兔害怕了，跑掉了。

第四天，小兔跑到藥店裡，問老闆：「老闆老闆，你這裡有老虎鉗子嗎？」老闆說：「沒有。」小兔問：「那，你有胡蘿蔔嗎？」老闆真的生氣了，拿出剪刀來，就把小兔的牙給統統拔掉了。

第五天，小兔跑到藥店裡問老闆：「老闆老闆，你這裡有胡蘿蔔汁嗎？」

其實，**失敗最常見的原因之一，就是在不對的地方找想要的東西。**

選擇，比努力重要。

比利時一家雜誌，曾對全國60歲以上的老人作了一次問卷調查，調查的題目是：「你最後悔的是什麼？」，並列出了十幾項生活中容易後悔的事情，供被調查者選擇。以下是調查的結果。第一名後悔年輕時努力不夠，以致事業無成；第二名後悔年輕時，選錯了職業。

很多人由於缺乏財務觀念，往往在不對的地方堅持，所得成果往往不如預期。但如果可以在對的地方著力，在未來趨勢上占一席之地，就能輕易獲得大筆財富。什麼樣的選擇，帶來什麼樣的結果。今天的生活，是由五年前我們的選擇決定的，而今天的抉擇，也將決定我們五年後的生活。

長期以來，我們只習慣追求安定，或選擇在自己的舒適

圈，在同一個工作環境一做就做了一輩子。生命的軌跡在在告訴我們，只要轉個彎，有可能三、五年後，自己的財務狀況將與現在大大不同。如果我們財富出了問題，不見得代表我們不努力，可能努力的方向選錯了。努力在哪裡，成就就在哪裡，記住：**選擇，永遠比努力重要。**

有三個人要被關進監獄三年，監獄長給他們三個人每人一個要求。

美國人愛抽雪茄，要了三箱雪茄。

法國人最浪漫，要一個美麗的女子相伴。

而猶太人說，他要一部與外界溝通的電話。

三年以後，第一個衝出來的是美國人，嘴裡鼻孔裡都塞滿了雪茄，大喊道：「給我火，給我火！」原來他要了雪茄，卻忘記要火了。

接著出來的是法國人。只見他手裡抱著一個小孩子，美麗女子手裡牽著一個小孩子，肚子裡還懷著第三個。

最後出來的是猶太人，他緊緊握住監獄長的手說：「我選擇了手機，這三年來我每天與外界聯繫，我的生意不但沒有停頓，反而成長了200％，為了表示感謝，我送你一輛勞斯萊斯！」

選對行業別，是致富的第一個重要關鍵。舉例說，全球

最大的家庭清潔個人用品公司──寶潔，光是一個業務員輕輕鬆鬆就做上億業績。為什麼？因為寶潔的行銷系統太厲害了。所有的廣告、計畫，公司都安排好了。只要在這個環境，就會做出這麼高的業績。

這個業務員說：「我在大學畢業時同時應徵兩個公司，如果當初選擇另一家公司，現在不知如何想像，因為，那家公司的老闆早已因為詐欺跑路。」瞧，選擇，真的比努力重要。如果一個人選擇了錯誤的方向，再大的努力都是枉然，無論是人生目標、偉大的抱負都無法實現，**選擇正確的方向，選擇適合自己的工具，選擇這一個世紀的趨勢**，比盲目努力更重要！

有一個非常勤奮的年輕人，很想在各個方面都比身邊的人強。經過多年的努力，仍然沒有長進，他很苦惱，就向智者請教。

智者叫來正在砍柴的三個弟子，囑咐說：「你們帶這位施主到五哩山，打一擔自己認為最滿意的柴火。」

年輕人和三個弟子沿著門前湍急的江水，直奔五哩山。

等到他們返回時，智者正在原地迎接他們。年輕人滿頭大汗扛著兩捆柴，蹣跚而來；兩個弟子一前一後，前面的弟子用扁擔左右各擔四捆柴，後面的弟子輕鬆跟著。

正在這時，從江面飛來一個木筏，載著小弟子和八捆

柴火，停在智者面前。

年輕人和兩個先到的弟子，你看看我，我看看你，沈默不語，智者見狀，問：「怎麼啦？對自己的表現不滿意嗎？」

「大師，讓我們再砍一次吧！」那個年輕人請求說：「我一開始就砍了六捆，扛到半路，就扛不動了，扔了兩捆；又走了一會兒，還是壓得快沒氣了，又扔掉兩捆，最後，我就把這兩捆扛回來。可是，大師，我已經努力了。」

「我和他恰恰相反！」那個大弟子說：「剛開始，我倆各砍兩捆，將四捆柴一前一後掛在扁擔上，跟著這位施主走。我和師弟輪流擔柴，不但不覺得累，反倒覺得輕鬆了許多。最後，又把施主丟棄的柴挑了回來。」

用木筏的小弟子搶過話，說：「我的個子矮，力氣小，別說兩捆，就是一捆，這麼遠的路也挑不回來，所以，我選擇走水路……」

智者用讚賞的目光看著弟子們，微微領首，然後走到年輕人面前，拍著他的肩膀，語重心長的說：「一個人要走自己的路，本身沒有錯，讓別人說，也沒有錯，關鍵是走的路是否正確。年輕人，你要永遠記住：選擇，比努力更重要。」

有幾項影響財富的因子，一定要仔細選擇：

一、選擇行業別

千萬別在不對的地方投入太多的生命。

如果你正在選擇工作，大可分析自己即將進入職場的先天條件。注意21世紀的行銷趨勢，已經是進入「消費導向」的世紀，誰能真正掌握消費者，誰就是贏家！

觀察一家企業的經營模式。企業經營的一切努力，也都是為了留住顧客。其中完善的留住消費者的方法，是很重要的一個指標。顧客回購率是檢視一家公司是否會成功、是否能永續經營最重要的指標。不管做什麼生意，總希望顧客還會再來購買我們的產品，否則就會面臨「下一個顧客在哪裡」的問題。

一定要選擇一個值得我們學習的公司。相信我，真的有賣不出去的東西，公司產品不好，三寸不爛之舌只會傷了我們的信譽。可以考慮顧客回購率的高低，和企業的文化塑造、公司的定位及使命、產品的定位及研發、制度規範的制定及執行，一環扣一環，與我們的存在形成一個價值鏈。

評估一家公司時，有可能一時無法瞭解該公司的文化，弄清楚該公司的制度，更不可能在短期內完全體驗該公司所有的產品，「顧客回購率」將是一針見血的評估捷徑。如果真的像對方講得那麼好，為什麼顧客不願意回來繼續捧場？

這些是我們在機構中存在，或業務是否歸零很重要的關鍵，千萬別在不對的地方投入太多的生命。

二、選擇賺小錢或是大錢

<u>量大，是致富的關鍵。</u>

一般平凡人想的是一夕致富，短期內賺快錢、賺大錢（最好中樂透頭彩），但大財團所思所想的，卻是賺龐大客戶群持續消費的小錢，例如：大哥大業者擁有500萬個客戶群，如果每個門號僅收200元月租費，至少也能月入10億元。

慈濟約有400萬固定捐款人，每人如果每個月捐100元，一年也有50億的捐款，可以蓋醫院、學校，並幫助需要急難救助的人，而成就一個如此偉大的善業。

知道大老闆跟小老百姓的差異在哪裡嗎？很多的大老闆努力賺我們生活中的「小錢」；但是大部分的小老百姓，卻拚命想賺大錢！

小老百姓最大的悲哀是收入很不穩定，但是支出卻很固定。例如：回家打開電燈、電視機開關，錢就支出；上完廁所沖水、洗澡、刷牙、洗臉，錢也在支出，這些小錢都被政府、大財團賺走了，小老百姓根本沒有機會插手。

國內外的財團幾乎都在爭食「日用品」這個大餅，國內的財團喜歡開便利超商——7-11、萊爾富等，國外的財團喜

歡開大賣場像家樂福、大潤發，很多人想要賺錢，就跟著財團的腳步，投資或加盟財團的賣場，因為財團不只有錢財，還有很多人才。可是問題是開個大賣場要花2億，開個一般的便利超商，少說也要2百萬，這一般的市井小民可能做不到，即使做到也未必賺錢，就算賺錢也非常忙碌，所以日用品的市場雖然很大，但是大部分的人，卻永遠只能當個消費者。

未來的趨勢，是商店直接與消費者合作，直接讓消費者參與廣告通路的經營權。很多大賣場提出打折策略，永遠無法抵抗將龐大通路費回饋給消費者的誘因。網路直購超商挾其不用店租成本的優勢，將利潤還給消費者，即將改變消費者的購物習慣，如果再加上環保、生化科技的議題，那將會緊抓下一世紀的消費群，這又是一波財富重新分配的契機。

三、選擇活在富人的象限

像個企業家，建構持續收入的系統，這是擁有財務自由的最好方法，也是成為億萬富翁最重要的思維！

《富爸爸，窮爸爸》的作者羅伯特清崎就指出，工作職場其實只有四個象限：受雇於人、為自己工作、企業、投資（讓金錢幫自己工作），前兩者，屬於窮人的象限。

在富爸爸系列的第二本《有錢有理》就生動的描述了他

所觀察到的四個現金流象限，每個象限中的人們，對於相同的一件事有不同的情感、反應，不同的思考模式，因而有不同的做法，最後引導出不同的人生，當然伴隨而來的財富也不盡相同。

這本書將職場分為 E（Employee）：受雇於人、S（Self Employed）：為己工作（自己當老闆）、B（Business Owner）：企業擁有者（擁有系統）、I（Investment Income）：投資者（讓錢來為我們工作）等四個象限，選擇不同象限之後，命運也將大大不同。

首先，受雇於人的 E 象限，拿自己的時間，體力為別人工作，或稱為上班族。大多數的人從小到大，學校教育都是教如何為別人工作，如何找工作，適應大企業、大機構，但由於失業潮越來越嚴重，E 象限不是明智，也不是最安全的選擇。

很多學生畢業之後，信心滿滿展開工作生涯，過了幾年以後，卻感到自己像簽了一紙 40 年的合約。工作 40 年，每週 40 小時，吃 40 元的便當，生活需求只能滿足 40%，而在 40 歲時開始後悔，而且至少後悔 40 年。

即使我們為職業生涯做了許多準備，不過選擇有限的我們，似乎無計可施，彷彿像一隻關在籠中的鳥兒，努力工作，妄想可以過好一點的生活，結果是大家都知道。

自己努力工作，能發揮財務的槓桿少之又少。如果所有

人都要找工作，經濟就會瓦解。為了讓經濟成長，不是讓自己只成為找工作的人，因為，國家需要更多「能創造工作機會」的人。

其次，為自己工作的S象限，好不容易自己創了業，卻陷入了日常的開店庶務。往往開店或自由業者，當一個雇員沒來時，老闆就要作兩人份的工作。終其一生，用自己的生命賺錢。分不出到底是店屬於自己，還是自己屬於店，一位曾開餐廳的友人就感慨的說：「開店最大的結論就是，生意好人倒，生意不好店倒。」

為自己工作者，有沒有財務的自由，做個簡單的實驗就知道。明天早上，整理行李馬上山國半年，都不要和公司聯絡。如果半年之後回來，公司還在，而且有滿意的分紅，那公司肯定屬於我們的賺錢系統；否則，只是隻屬於自己公司的高級工蟻。

如果想成為富人，應學習讓系統或讓金錢為自己工作，而不是讓自己為金錢或系統工作。富爸爸說：「從小我們被教育努力讀書，將來才能有出路，讀書時努力用功爭取好成績，以便將來找到一份待遇優厚的安穩工作，卻沒思考過怎樣才能成為一名富人，而是成為一名為富人工作的雇員。」

設法進入B象限，做一名企業的擁有者，讓系統幫我們賺錢；或進入I象限，做一個有智慧的投資者，讓金錢幫我們工作。一般上班族沒計畫與資金創造一個企業，反而把有

限的收入轉向投資股票與期貨，這是風險極人的事。許多錢，因為資金有限，除了承擔的壓力，更有可能被擁有大量資金的大戶吸走。

在B象限裡，加入特許加盟連鎖店是個不錯的選擇，總之一定要實現一個系統，或付錢加入一個系統，讓系統幫我們賺錢。例如：在市區加盟7-11，已降低了風險因素，由於它經過幾十年的驗證，已是1%的成功代表，只要加盟、購買，即有現成的培訓、裝潢、制度、供貨系統，只要買來直接複製，保證可以成功。

如果「成為富人」是個渴望達成的目標，那我們有達成的計畫及方法嗎？下一單元教我們像個企業家，建構持續收入的系統，這將是擁有財務自由的最好方法，也是成為億萬富翁最重要的思維。

四、這是個該掌握的機會嗎？

「消費應該是聰明的，下一個世紀，我們也能因為消費而致富。如果產品本身價格一樣，甚至物超所值，又把一定利益回饋消費者，我們大可介紹親友，影響親友的親友們都來消費，這樣就進入了倍增市場。如果我們因此建構了一個月循環的消費系統，也造就一個零風險的月現金收入系統，我們將建立一份因消費型態改變而擁有的持續收入。這就是

把『負債式』的消費轉成『資產式』的消費理財、消費致富的範例。」

當看到這段文字，你會想分析，還是一點反應也沒有？當機會來敲門時，千萬別用情緒來判斷一切，應抱持智慧審慎評估。如果對一個機會猶豫時，提供以下四點，判斷這個機會，是否值得全力以赴。

1.**報酬率**：這件事值不值得做，成功之後的報酬率如何？最重要的是成功之後的樣子，是不是我想要的？

2.**成功率**：我會不會成功呢？要提供的是產品或服務，它的市場需求如何？或是產品是否符合趨勢，及擁有獨特性？在市場競爭下可否脫穎而出？這項產品是个是消耗品，可以被重複消費的？除了產品，公司和制度也是決定是否成功的因素。

3.**是否有成功模式**：有成功模式才會有勝算，但如果沒有成功模式，要如何確定我能成功呢？沒有可以仿照的成功對象，無法複製或系統化，成功機率將會大大降低。

4.**風險性**：一定要評估萬一做得沒有預期的好，我會有損失嗎？我能承受得起嗎？

每個人都有選擇一家公司的「權利」，但有選擇一家好公司的「能力」嗎？所以當機會來敲門，一定要學會判斷。

致富關鍵二：掌握未來趨勢

人類經歷五波財富重新分配的趨勢：
從過去的土地、工廠、電腦、到現在的網路、生化科技，
我們抓到了哪一波？

著名的80／20理論，指出全世界上20%的人，擁有80%的財富，很多人連簡單的財富知識都沒有。這不能不令人吃驚，我們的教育可以教出各行各業最優秀的人才，但是更多人畢業後卻搞不清楚財富的意義，到底出了什麼問題。

很多人終其一生，不斷努力工作，只為了財富的自由。只可惜太多的人，努力錯了方向。

有個員外要從秦國到魏國去，他身上帶了很多的盤纏，騎上飛快的馬兒，就立刻上路，不分青紅皂白的他，一騎上馬就往西方飛奔而去。

路上有人問他要去哪兒，他大聲回答要到魏國，路人便告訴他：「到魏國要向東方走，你的方向錯了……」

員外卻不在乎的說：「沒關係，我的馬兒跑得很快！」

路人開始著急了，拉住員外說：「不管你跑多快，方向一錯，都到不了魏國！」

員外毫不在意的說：「不會啦，我的路費還多著呢！」

無奈的路人只好放開員外，眼睜睜看著盲目的員外，一路向西方前進……

不聽任何勸告的員外，一意孤行朝相反方向前進，即使他的條件再好，都無用武之地，因為大方向錯了！無論做任何事，都必須先看準方向，才能發揮自己的優勢，方向錯了，優勢只會發揮反效果。

根據2005年讀者文摘對台灣和香港的十大夢想調查，一般人環遊世界的夢想只有排到第六名，提早退休則是第九名，調查顯示第三名是和心愛的人同行到老，第二名是作公益事業幫助有需要幫助的人，第一名是擁有財富，不必擔心經濟的壓力。

人生的學分有很多，包含快樂、健康、愛等課題要進修，我們不能在財富的學分修太久。但，如何能擁有財富呢？首先，不能像無頭蒼蠅到處亂竄，必須知道**掌握趨勢，讓財富隨趨勢向自己靠攏**。

與其注意有什麼股票該買而沒有買，不如低頭看看自己是不是已經站在趨勢上？人類經歷五波財富重新分配的趨

勢：過去的土地、工廠、電腦、到現在的網路、生化科技，已經抓到哪一波？有什麼機會自己應該把握而又錯失？一生中能掌握多少機會呢？

　　每十年就會有一些配合時代的偉大產品出現。在未來幾年中，也一定會出現這樣的機會，我們一定要抓住。美國經濟學家保羅皮爾澤（Paul Zane Pilzer）在其新作《財富第五波2.0加強版》（The New Wellness Revolution／商智出版）中指出，時下掌握經濟發展的菁英們，有五成以上是戰後嬰兒潮出生，他們擁有財富之後，最想追求的是健康和長壽。保羅皮爾澤預計，到2010年，與健康相關的產業，將為美國經濟帶來每年10000億美元的收益，這些收益來自為大眾提供令人更健康、更美麗、延緩衰老或預防疾病的產品和服務等。

　　《搶占二億人市場》（Age Power）作者戴可沃（Ken Dychtwald）更指出：「退休的觀念該退休了。取而代之的是以更具彈性的方式，持續不斷的工作。」他強調，「以六十五歲做為老年退休指標，已經嚴重脫離現實，必須依長壽比例重新計算！」

　　僅僅在幾年前，1990年代科技狂潮創造許多科技新貴，當時的主流退休觀，是拚命工作、提前退休，從此過著閒雲野鶴的生活。如今，「越早退休越成功」的價值觀，被新的退休思維取代。現在，人類從第三個退休時代，邁入

第四個退休時代。

「退休生活太無聊，而且多數人的儲蓄，不足以因應其未來漫長的退休生活。」戴可沃認為，「再就業」的熱潮逐漸成長，是第四個退休時代的象徵，人們希望留在遊戲中（game），而不是被放逐到邊緣，撤退到界線外。相反的，他們尋求具生產力的、有參與性的，在老年期綻放開花。

彼得・杜拉克在《下一個社會》一書中也預言：「未來的人只要體力許可，必須工作到七十五歲。」因此我們必須要做好心理準備，追求下一波財富趨勢。究竟有什麼事業，值得讓我們一直做下去，或是有什麼樣的財富，可以不用工作也會收入，直到年老時也不用擔心金錢的壓力，也會有健康的身體，過著健康、財務、時間上的富足生活！

鄉下有一家小雜貨店，老闆非常勤快的工作，因此店裡生意興隆，尤其是多年的老主顧，長年以來，大家都成為無話不談的好朋友。

有一天，老闆發現附近有店家開始裝潢，不久後開張打出「全國最低價」，所以這些多年的老主顧，漸漸流失了。

心情沮喪的老闆，找不出解決方案，百思不得其解的他，遇到了多年前的老主顧上門，在店內自言自語的說：「喔！這是間只賣負債的店……」之後揚長而去。

老闆才恍然大悟，從消費者的立場，找便宜實惠的店是理所當然的，因此如何再找回老主顧，使他開始陷入深思。

從此之後，老闆轉換思考方式，重新訂定銷售制度，消費者買東西累積積分，介紹朋友消費亦可得到同比例的積分，使他們購物時不只是消費，同時也兼具生產的功能，漸漸流失的老主顧不但回籠，生意甚至比以往更加興隆。

21世紀最大的財富，首先來自對消費者的教育：關於新的財富觀念以及怎樣創造財富、實現財富的教育。在實現財富的過程中，通路是最重要創造財富的管道，人們透過創造通路與世界財富的分配，事實上，每一個世紀都有新的通路被創造，思想敏銳的生意、結合更好的產品、更好的通路，為每個人帶來更好的機會。

買了打折的東西，雖然少花了錢，但仍是負債式消費。老闆建立消費即經營的雙贏銷售方式，使流失的老主顧不但回籠，同時間更為自己尋找推廣者。消費者從消費方式轉換為經營模式，不但銀行存款不會因消費減少，反而是經營一個事業，讓存款愈來愈多。

若想擁有更多，以消費是為了增加資產的方式思考購物，轉換能成為資產的商品，或改變消費選擇，消費者即經

營者，購物是創造財產，而不是消耗財產。一旦掌握此概念，即可為家庭創造更多的財富。

致富關鍵三：建構系統

什麼時候能建構出一個自動賺錢的系統，
什麼時候我們才可以退休。

　　學會讓系統為我們創造出源源不斷的財富。系統的魅力在於：「只要做一次架設，就可以重複享受。」請仔細思考，我們目前所接觸的事業，有哪些是只做一次，就可以領很多次的事業？

　　也許有人無法想像：做一次，就可以領很多次！事實就是如此。許多人認為，工作一天賺一天的錢，才是理所當然的，怎麼可能會有做一次生意，就會有領不完的錢？只是，別忘了，或許自己正處在隧道視野裡。

　　如果我們的視野僅止於隧道裡，永遠不知道隧道外正在發生什麼事。試著改變思維，讓自己的財富產生不同的變化。

　　從小父母親總是教我們：「要好好念書，將來找份穩定

106

的工作。」但絕大多數奉行父母教誨的人，好不容易拿到學位，也進入社會成為知識白領，結果是一輩子努力打拚躋身中產階級，忙碌一生，卻仍無法跳脫為錢工作的枷鎖，無法得到真正的財務自由（讓錢自己流進來）。很重要的一個原因是，父母及學校把財務觀念都弄錯了。所以《富爸爸，窮爸爸》、《億萬富翁的賺錢智慧》等書一上市就成為暢銷書，可見世人對理財觀念的貧瘠。

有很多在各領域學有專精的人，談到理財不是一竅不通就是避而不談，所有經驗都是延用了上一輩的觀念。前一個世紀成功的理由，往往是下一個世紀失敗的原因。財務知識是一生必修的功課，早點認識它並學會駕馭它，便能早日通往財務自由的大道。

想一想，如果我們現在只是別人的員工，賺的只是工資收入，換句話說，我們就是用勞力、時間賺計時的收入；這表示，當下一個鐘頭起無法工作，也就不再有收入了。而我們要有多少保險，才能規避這樣的風險呢？

我們必須努力成為一個支配資源、建構系統的人，而不僅僅是公司裡人力資源，或只是系統的一部分。

上班族，有工作有收入，沒工作就沒收入，賺的錢就只是暫時收入；而過去的努力，卻總在下個月一筆勾銷，歸零重新開始。有沒有那種：曾經努力工作，就能永恆豐收，退休不用愁，因為每個月都會來的收入，錢會不斷的流進荷包

的收入？

有，那就是建一個系統，或參加一個系統追求持續收入！系統能帶給我們持續收入，讓我們享有財務的自由，很多億萬富翁都熟絡這個道理，每一個事業成功者幾乎都曾經是一個系統建構者，或系統擁有者。

常常見到老闆級朋友相約打高爾夫球，或閒暇的在西餐廳閒聊整個下午。為什麼他們這麼優閒呢？看完這個故事，請想一想，自己只是一位提水者，還是建立管道系統的人？

二位年紀輕輕的兄弟，他們是夢想實踐者，渴望成為全村最富有的人。

有一天，村裡邀請兩人將附近的河水提到廣場內的水池裡。

兄弟經過一天的努力提水之後，村裡的長輩將每桶的價錢付給他們。

他們都不可思議的說：「自己的夢想居然實現了！」

弟弟提了一天的水，笨重的水桶使他的手長了水泡，不禁擔心起明天的工作，除非想到更好的辦法，才能更有效率的將河水運到村莊裡。他用心思考著，如何利用有效率的方式把河水運到村裡。左思右想後，認為最根本的解決方式，就是蓋一條渠道，直接將河水引進村莊內。

哥哥聽了這項建議後，卻直覺是天方夜譚。他認為獨

家代理的提水薪資，就足以使他成為全村最富有的人，因此只要每天安分提水，足夠讓生活不愁煩惱。

弟弟卻不這麼認為。他評估了一下，蓋一條渠道需要花上一、兩年的時間，因此這兩年格外辛苦，除了白天繼續提水之外，晚上必須慢慢的挖渠道，他相信只要努力，不輕言氣餒，渠道完成的一天終將來臨。

弟弟從此展開白天提水、晚上蓋渠道的生活，雖然辛苦，但是感到非常充實。

哥哥已習慣每天提水的日子，看到弟弟晚上不能休息，不禁慶幸自己沒有加入蓋渠道的行列。

哥哥與村民開始取笑弟弟的行徑，他們認為不可能發生的事情，居然有人會傻到認真去做，他們總是晚上一面看著弟弟愚癡的行為，一面竊竊私語。

皇天不負苦心人。弟弟從一公分開始，慢慢挖了一公尺、二公尺，很快的一年過去了，弟弟知道渠道已經完成50%，一切都在預期的進度之內，他感到離夢想愈來愈近，因此非常開心。

當全體村民的恥笑從不間斷，弟弟知道這一切只是必經的過程，對他來說，只要渠道建造完成之後，一切過去的付出都是值得的。

完工的一天終於來臨。弟弟看著剛完成的渠道，當然十分開心，也因為渠道完成以後，村莊頓時變得非常繁

榮，但他知道這不過是夢想開始的第一步。

但這個時候，哥哥的背卻愈來愈駝，長期下來的提水生活，漸漸使他的身體愈來愈疲憊，終於這天，哥哥倒下來了。看著失業的哥哥，弟弟萬般心疼與不捨。

弟弟找哥哥加入一起蓋渠道的行列，並把過去蓋渠道的菁華傾囊相授，讓他教導更多人，哥哥了解弟弟的美麗藍圖，原來不光是蓋渠道而已。弟弟建了第一條渠道之後，只是踏出第一步，他需要教更多的人加入蓋渠道的行列，才能使村莊愈來愈繁榮，大家才能享有更好的生活品質。

從此以後，許多村莊在兄弟的共同努力下，完成了愈來愈多的渠道。

弟弟在過程裡，其實聽到更多無法蓋好渠道的冷言冷語，但在他心中，始終堅信，為了創造更優質的生活，蓋渠道不過是一個必經的過程罷了。

仔細想想，自己現在是在做提水的事，還是蓋渠道的事呢？有什麼誘因，讓自己當一輩子的提水工呢？

為什麼麥當勞和肯德基的企業王國這麼大？絕對不是因為他們擁有無法替代的好吃漢堡，太多人都能做出比麥當勞和肯德基更好吃的漢堡了，但他們卻無法擁有麥當勞和肯德基同等的財富，因為並非是每個人都能建構出麥當勞和肯德

基的銷售、管理、服務等「系統」。

前些日子，麥當勞提出作業操作系統，挑戰60秒內必定完成使命。例如：如果顧客等可樂的時間超過60秒，就送顧客一杯飲料，有人就是要看看是不是能得到，可是永遠也等不到，麥當勞連對於服務員走路的節奏都有規定的。

創造出一個源源不斷創造財富的系統後，麥當勞更進一步成為最大的速食王國。記住：**任何一個成功的企業都會先建構一套系統**。建構系統之後，讓錢自己流進來。所以，我們永遠看不到麥當勞的總裁，親自做漢堡或打掃廁所。致富的關鍵是：建構 一個賺錢的系統，在不斷循環運作中創造財富。

記住：如果不能擁有一個系統，只憑單打獨鬥靠生命賺錢，將永遠無法成為億萬富翁。

除了創建系統，也可以加入一個系統，但學習複製是重要的。請特別注意，加盟連鎖事業，並不是自己建立出的系統，而是自己正成為一個系統裡的一分子，雖然是不錯的選擇，但加盟連鎖的費用動輒百萬，每個月營業收入的若干百分比，要交到總管理處。所以，加盟不見得致富，但運用加盟體系提供的系統Know How，在自己的機構中建造出真正屬於自己的系統。

直購是未來買賣的趨勢。產地直銷直購，可以節省其

間的廣告通路費。若將這部分提供給消費者，就能創造許多廣告通路商。未來的世界，將是虛擬通路取代實體通路，很多大學剛畢業者與退休人士看準這一塊，都可以輕易致富或找到自己的退休俸。「建構直購系統或許不是這輩子最重要的事，但當它成功之後，它將會幫助你完成，人生最想完成的事。」一個成功者這麼說。

在全美暢銷書《搶占兩億人市場》（Age power）的原文中，「追求工作與生活的平衡與富足」章節中提到，85%的嬰兒潮人口擁有工作，但對這些嬰兒潮世代而言，最常聽見他們的抱怨，便是他們持續被多種不同的責任纏身，而被壓得喘不過氣來。

在原文書中寫到有一對夫妻Jeff和holly，他們如何從每週工作60、70小時，Jeffy花70小時經營花店，Holly花上60個小時在小學教書，工作筋疲力竭並對未來感到茫然，而在選擇改變之後，夫妻倆重新安排生活重心，選擇兼職建立系統，現在他們的財務並沒有因為縮短工作時間而減少，反而倍增到年薪台幣1000萬的持續收入，開啟了自由自在的富足生活。

每個人都有追求持續收入的能力。

書中另一個提到的年紀75歲的Vera，十年前面臨殘酷的人生困境：丈夫過世，獨自生活的Vera擔心財務問題，如果單靠社會福利金，基本的生活需求都會有問題。但是

當 Vera 看到兒子兼職經營一個消費者直購的宅配郵購公司，Vera 心想也許她也可以試試看，年紀並沒有阻礙 Vera 的選擇。現在 85 歲的 Vera 年收入超過二百多萬元，不僅把貸款還清，更固定捐款給兒童慈善基金會。

一旦成功建構了直購系統，並擁有了充裕的持續收入，就不用擔心財務的問題並可以開始投資其他資產，累積更多且低風險的持續收入。耐心的累積持續收入，進而倍增持續收入！所以建構直購系統，或許不是我們這輩子最重要的事，但當它成功之後，它將會幫助我們完成人生最想完成的事！

專家說：直購系統是改變人生的系統，也是幫助平凡人翻身的絕佳選擇，加上擁有倍增的系統，所以不論是全職或兼職，零風險的直購系統，是專為那些想真正擁有持續收入的人設計。

許多直購系統，進入的門檻很低，甚至不用資金、沒有風險，只要有意願、決心和毅力，任何人幾乎都有權利參加這個系統。分析直購系統成功關鍵：一是抓住未來將邁入無店鋪通路的趨勢，二是集合了團隊的力量，三是抓住倍增的威力。

首先說明趨勢。趨勢，就像機場的輸送帶。站在機場的輸送帶上，我們不用動，就可輕易超越身旁的人。我們大可

選擇更快的代步工具，選擇不同的財務工具，其結果是大大不同的。而未來的通路趨勢是無店鋪式的，廣告通路，將回歸以「人」為單位，也就是以口耳相傳、網路行銷為最大宗。誰能擁有這個廣告通路網，誰就是下一個世紀的老大。

世界上最富有的人總是不斷的建立並利用人脈網絡，而窮人則被教育著辛勤的找工作。

其次是團隊力量。團隊力量也是成功的重要關鍵，未來的世界絕不是靠單打獨鬥可以致富的。想想，股票市場為什麼總是大戶賺走散戶的錢？其實散戶的投資金額遠大於大戶，為什麼總是輸家？理由只有三個字：不團結。結合團隊，是致富的關鍵之一。

在有名的加州紅杉林前，觀光客看著那高聳入雲霄，如沈默巨人的一棵棵紅杉，有的瞠目結舌，有的驚呼出聲。

「加州紅杉是目前世界上最高大的植物，最高的有九十公尺，相當於三十層樓的高度。」導遊介紹說。

「能長得這麼高，那它們的根一定很深吧？」一個觀光客問。

「不！加州紅杉是淺根型植物。」導遊回答。

「那狂風暴雨一來，不是很容易就被連根拔起嗎？」另一個觀光客問。

　　「這裡面有一個奧秘。」導遊說：「就像你們所看到的，加州紅杉都成群結隊長成一片森林，在地底下，它們的根彼此緊密相連，形成一片根網，有的可達上千頃。除非狂風暴雨大到足以掀起整塊地皮，否則沒有一棵紅杉會倒下。」

　　觀光客都為這自然的神奇而陷入沈思之中。

　　「因為不必扎太深的根，紅杉就將扎根的能量用來向上生長；而且，淺根也方便它們快速、大量吸收養分，這是它們長得特別高大的另一個原因。」導遊說。

　　加州紅杉的根，像每一根有力的臂膀，埋藏了各種機會，發揮所有人的極大值，並讓我們看到團結的力量。

　　如果能和別人緊密相連，互通有無，快速而大量的吸收各種資訊「養分」，那不僅在遇到狂風暴雨時，有支撐的力量，也能花更少的心血，長得更高、更壯。縱使慧根短淺，但懂得與同儕、志同道合者產生良好的互動，同樣可以成為大器。

　　若加入團隊後，尋找成功的人一起學習、工作並從中培養和成功者一樣的思維及習慣，那成功機會就大幅提高。只有在一個積極向上、有目標、有希望又肯互相學習、分享的環境中，才有往上提升的力量。結合共同理念的朋友互補長短，才能突破困難而成功。如果相互藏私、明爭暗鬥，一定

往下沉淪。

麥當勞成功運用團隊結合的動力，他們的團隊合作，精密得像打一場場的職業棒球。在麥當勞的得來速窗口，當我們替孩子訂了六個大麥克漢堡、六杯奶昔和十八個薯條，事實上我們並不是在和那個當地麥當勞的店員講話，而是和科羅拉多州的客服中心講話。他們負責接受我們點餐，把我們的臉拍下來，然後把照片和訂單傳回當地的麥當勞。當我們開到下一個取餐窗口時，照片和訂單就會被比對並處理。

團隊的力量比個人力量人，而且它是以倍數增生的，人之所以能快速致富，就在於運用到倍增。倍增的威力，我們在下一個單元好好研究。

致富關鍵四：倍增

善用複利倍增的效果，
能夠使乞丐搖身一變，
成為富有的國王。

　　學會槓桿操作是致富的關鍵。觀察「億 」這個字怎麼寫？是不是先寫個「倍」字？愛因斯坦說：「複利，比原子彈更可怕。」如果懂得複利的倍增概念，把倍增當成我們的槓桿，我們將可以輕鬆成為億萬富翁。

　　約翰是一位中輟學者，在餐飲店打工的他，一年所得沒有超過1萬美金，但是他八十歲時，他捐給南密蘇里大學共20萬美金。但如果你認為他只是一位深富愛心的富有慈善家，那可就大錯特錯了。

　　約翰從小在艱困的生活裡成長，因家境貧困而被迫中斷學業，改善家庭生活，當年即使景氣再好，一年的工資也不過數千美元。

這項工作伴隨了一生，八十年來，他依舊是一個沒沒無名的餐飲打工老翁。

只憑著微薄的收入，如何累積一筆不小的財富呢？他認為：「建立財富的秘訣在於複合利息。」

約翰中年時代的生活才逐漸好轉，累積了一筆小額的財富，卻什麼也辦不成，因此他選擇了銀行存款，本金加利息不停增長下，他發現自己居然擁有數十萬的資產。

根據韋氏大辭典對複合利息的解釋為：「利息的計算是基於對本金和累計過往未支付的利息計算。」複利比歷史上所有投資都更能創造財富，即使不工作，金錢也能運轉，因此複利被愛因斯坦稱為「世界第八大奇蹟」！

世界上第八大奇蹟是指「複利」，微薄的存款累積成可觀的財富，答案是倍數增長，它是建立財富的槓桿方式，也是槓桿時間與金錢的有效工具。因此善用複利效果，能夠使乞丐搖身一變，成為富有的國王。

聰明的建構、或運用一個倍增系統，能幫助我們快速致富，如果創造的是持續性收入，這樣的人永遠是人中之龍。倍增的故事比比皆是，富有的人對「倍增」這兩個字肯定正向敏感。如果仍對倍增有偏見，請快快打開倍增的視窗，仔細閱讀下面這則故事，千萬別跟金錢過意不去。

我們可以輕易算出，一顆蘋果有多少種子，但我們卻無

法估算一粒種子，將來能夠長出多少顆蘋果？

芝麻國裡盛產芝麻。有一位帝王，對「西洋棋」十分熱中，因此想獎勵發明西洋棋的人，並將他召喚到宮中，更當眾宣布提供發明者完成一項心願。

「皇上，我備感榮幸。」發明西洋棋的人謙虛表示：「我希望皇上賜給我一粒芝麻。」

皇上不得其解說：「只是一粒芝麻？」

「是的，只要在棋盤上的第一格放進一粒芝麻，」發明人表示：「在第二格加倍至2粒，在第三格加倍至4粒……，依次類推，每一格都是前一格的雙倍，放滿整個棋盤，這就是我的心願。」

皇上很開心，如此簡單的心願，就可以擁有這麼好玩的遊戲。

「實在是託了祖先的福啊！太棒了！」皇上興奮的說：「拿出棋盤來吧！讓在場人士目睹我倆的協定。」

皇宮的廣場內聚集了大批的圍觀民眾，而廚房的歐巴桑拿出一袋一斤重的芝麻。

發明人開心的打開那一袋芝麻，並對歐巴桑說：「我認為你可以再到廚房內換更大袋的芝麻。」

在場人士都大笑起來，以為不過是一句玩笑話，發明人開始放芝麻，每一格便比前一格增加一倍的數量。

　　當第一排已經放滿時，許多民眾依然好奇圍觀，從1、2、4、8、16、32、64……，當放到第二排中間，陣陣笑聲已經被驚嘆聲取代，因為出現了一堆堆的芝麻，然後以倍數增加的速度增加芝麻，最後已經倍增為大袋的芝麻。

　　當第二排排完後，皇上發現自己已經犯下了嚴重的疏失，因為他不但欠下32768粒芝麻，還有剩下將近五十格尚未填滿呢！

　　皇上宣布停止這項遊戲，並召集了全國最有智慧、最有力量的數學家，請他們估計自己已經欠發明者多少粒芝麻，數學家賣力計算著，經過一段時間後，得到了驚人的結論：

　　一粒芝麻在64格的棋盤上，每一格以倍增的速度計算，最後是1800億兆粒芝麻，等於世界上的芝麻總數的十倍。這項不可思議的答案，令皇上大為震撼！於是他向發明人提出了不能拒絕的獎賞，如果停止這項遊戲，發明人就可以得到上百公頃富庶的土地及農莊，這項賞賜不但令在場人士稱羨，更佩服他的智慧。

　　學會倍增之後，要成為億萬富翁就輕而易舉，許多連鎖式機構，擴點的速度飛快，這就是一種倍增。如果開了一家店，每個月大約賺十萬元，可能經過了七年，每月一樣維持只有賺十萬，但是假使有倍增的觀念，每年培訓一倍的執行

長，把一家店面變成兩家，第二年增加四家、第三年增加八家，一直下去，七年之後，這家店的老闆月入多少呢？2550萬，四個月後收入上億。簡單的數學就算得出來，卻很多人都不去執行。請牢記愛因斯坦所講的：「複利比原子彈更可怕。」

致富關鍵五：聚眾

誰能聚眾，
誰就擁有下一世紀的財富。

　　財務觀念的改變不能任意為之，改得不好很可能給人生造成毀滅性的打擊。有人介紹別人以買賣股票為生。請問買股票、樂透是工作嗎？是好的理財方法嗎？觀念的改變是要講究方法、邏輯及講究持續性、未來性的。

　　不妨務實一點，用心完成一個符合這一個世紀趨勢的經濟模式。二十一世紀，誰擁有人口數，誰就是財富擁有者。財富決定在人的行為，因此，聚眾，成為成功的要件。提供幾個聚眾致富的原理：

一、創意可以聚眾

　　為什麼生意，來自源源不斷的創意？因為，**創意可以聚**

集眾人的目光，成功達到聚眾的目的。

有一位在公園賣汽球的老伯伯，由於生意清淡，一直都沒有賣出汽球，為了招攬生意，他想，不如剪幾顆汽球，慢慢讓每一顆汽球飛到天空，希望能夠吸引了眾人的目光。

這一招果然有效。老伯伯的汽球生意愈來愈好，圍來大批遊客與目光，連對面山頭的人都看到了。不到一小時，幾乎賣光了所有的汽球，最後只剩下一顆。

老伯伯拿起最後一顆汽球，對著熙熙攘攘的客人高喊著：「最後一顆汽球可以許下最多願望，誰要買下它呢？」

全部的小孩蜂擁而至，最後一顆汽球被可愛的小男孩的媽媽買走了，留下許多小朋友失落的表情。

老伯伯對天真的孩子們說：「小朋友不要難過，明天只要早一點來，我又會帶來更多許下願望的汽球喔！」

創造話題，就能引爆流行，帶動潮流及趨勢。獨特的創意，可以創造源源不斷的生意。創意經濟時代的來臨，誰能夠聚集人氣，誰就是贏家！

知道 LEVI'S 的始祖李維‧斯特勞斯是如何創造出令人稱羨的牛仔褲王國嗎？當年十九歲的李維‧斯特勞斯，被美國西部的淘金熱而深深吸引，從德國隻身來到舊金山，看到

成千上萬的淘金客西褲常常被砂石磨破，突然觸動他另一個想法——推出結實耐磨的牛仔褲，一上市不但引起淘金客的瘋狂搶購，李維‧斯特勞斯藉由牛仔褲，立刻成為全球知名的大富翁，打造了LEVI'S的牛仔褲傳奇。

歷史在在證明：財富絕對不是屬於勞動者，本世紀，財富是屬於大腦思維者。所以，請用聰明的方法，做最有效率的事。學會聰明運用看得到與看不到的資源，比如：維基百科，也是全民分享的標準產物。《大英百科》花兩百三十八年，每次編寫都要動用三、四千名學者，才累積出十二萬筆文章，而維基百科只花兩年的時間，用兩位專職人員就辦到，錯誤率所差無幾。想想，他們是怎麼辦到的？

製瓶工人羅特，有一天看到他的女朋友穿著一套膝蓋上面部分較窄使腰部顯得很有魅力的裙子。羅特的雙眼緊盯著這條裙子，愈看愈覺得線條優美。他想，要是製成像這條裙子形狀的瓶子一定暢銷。

於是他立即加以研究。經過半個多月的努力，一種新式的瓶子問世了。

這符合這一世紀理想的瓶子應該具備下列條件：

1.握住瓶子頸時，不會有滑落的感覺。

2.裡面所裝的液體，看起來比實際分量多。

3.外觀別致。

羅特製作的這種瓶子完全具備了上述優點。

1923年，羅特把這項專利權以六百萬美元賣給可口可樂公司，一夜之間便名滿天下。

二、網路可以聚眾

二年前，沒沒無名的YouTube網站創辦人陳士駿，卻在一年以後，YouTube成為超高人氣的全球知名網站，他究竟如何辦到？

從一個分享影音交流的網路世界開始，YouTube網站沒想到連結了超過2000萬人，躍居當紅的休閒網站，如今每天更高達超過一億人口下載，網路的神奇魔力就像滾雪球一樣，儼然變成一隻龐然巨獸，估計每天有65000支新影片上傳，是僅次於Yahoo、Google和MSN網站之後，穩居全美排名第四的知名網站。掌握「網路」的趨勢，加上「聚眾」的魅力，讓陳士駿放棄高薪的工程師生涯，選擇創業一途。

「分享的力量好大！」陳士駿說。YouTube網站被Google以十六億五千萬美元（約合新台幣五百四十七億元）的高價購併，創下六年來網路購併金額第三大，更刷新該類購併案中，網站成立距離被購併時間最短的紀錄。所以如果我們有源源不絕的創意，運用創意，小螞蟻也能扳倒大巨人！

陳士駿運用網路結合他的創意，在網站上成功聚眾，讓

他在二十九歲就成為百億富翁。

三、知名度可以聚眾

名利名利，先有名，再有利。名正而後言順。

提醒：全世界最賺錢的產業之一就是廣告業。如果我們是市場上出名的專業或特殊專長人士，便可以代言商品，用知名度聚集群眾的目光，達到聚眾的目的。

林志玲、劉德華等偶像巨星，貝克漢、老虎伍茲等知名運動選手代言廣告的收入遠高於本業數倍。而一個新產品上市、企業形象、選舉……等，都是會砸入錢在廣告行銷上，因此整個廣告市場非常活絡，而廣告明星所得到的代言費也是令人羨慕。

廣告明星能擁有那麼龐大的代言費，因為他們能聚集群眾的目光，成功達到聚眾的目的。

四、用倍增的方法可以聚眾

創意能聚眾，知名度也能聚眾，大家不要忘了愛因斯坦「倍增」的理論，愛因斯坦說：「複利，是人類最偉大的發明。」其原理，就是倍增。透過倍增聚眾，如果因此而建立的通路，那就能享受倍增的財富。

如果我們人氣不是很好，知名度也不是很高，別忘了還有倍增的技巧。在倍增的市場裡，每個人都能透過倍增的實現，也能成功的聚眾，換得財富。

有一個富翁的女兒得了怪病，富翁貼出公告，只要有人醫好她，就給他二選一的獎勵：

1. 連續30天，每天給你100萬元。
2. 連續30天，第1天給1元，第2天給2元，第3天給4元，第4天給8元，以此類推，每天乘以2，直到第30天結束。

試了很久，後來有一位年輕人把富翁的女兒醫好了，他選擇第2個獎勵。所有的親朋好友都覺得他是不是瘋了，還勸他不要那麼笨！「你算清楚，第1個選擇是3千萬耶，怎麼會去選第2個呢？看起來實在太少了……」親友的責罵聲此起彼落，大家都非常不贊成年輕人的選擇。

如果是你，要選擇哪一個呢？假使已知道倍數的力量，一定會選2。因為第2個選擇最後的金額是：超過10億元！富翁最後把女兒嫁給他，不僅是為了年輕人把女兒的病醫好，更重要的是這個年輕人很聰明。

提供一個致富的商機。藍海策略書中已經提到，下一世紀的企業利潤將回歸消費者。網路通路將挾其零成本的優

勢，店鋪式通路在這一個世紀將面臨崩盤的危機；將來，不必實體通路，靠消費者的口耳相傳，運用倍增造成旋風，任何人擁有人口數，都能獲取廣告代言、通路費，不靠龐大資金，就能輕易翻身。

雜誌《大師輕鬆讀》第224期寫到：「將廣告這件事交給顧客。」這說明大眾媒體的廣告氾濫，為求同樣廣告效果，廣告預算將是十年前的十倍以上。反倒是消費者口碑相傳的影響力與日俱增。所以，為追求共好，公司紛紛和顧客合作，讓顧客成為公司的廣告商，這已是無法拒絕的大趨勢。

所以，洞悉趨勢，找到利用倍增的行銷模式，在零風險、甚至不需出任何資金的情況下，也能聰明擁有令人稱羨的持續收入。

致富關鍵六：人脈，是翻身的機會

單打獨鬥的時代已經過去。
運用人脈資源，
結合自己的專業，
可以找到翻身的槓桿。

　　因為人有創造財富的能力，所以「人」本身也成了資源分配的一部分。人脈網絡可以聚集人力資源，集合人與人之間一道道無形卻有力的橋樑。經營人脈，不要吝嗇平時的廣結善緣，在人脈的背後，可能深藏著各種機會，更能夠在緊要關頭，發揮不容忽視的影響力。

　　卡內基曾說過：「一個人的成功，只有15%靠的是個人的專業技術，另外85%則是靠個人的人際處理能力。」根據104人力銀行調查發現，影響上班族升遷的關鍵要素中，除了專業能力與工作表現外，「人際關係的圓融」是三大關鍵之一。

　　在我們的「財富存摺」中，除了金錢、專業知識，有多少人脈？「人脈競爭力」有多強？未來，又打算讓這個存摺

變成怎樣的資料庫呢？

在一片「專業至上」的台灣產業氛圍中，這是一個很另類的問題。對於這個問題，幾乎多數人的反應都是「沒想過」。耶魯大學社會學梅爾葛拉姆（Stanley Milgram）也曾經提出過一個相當有趣的理論，稱之為六度分離（Six Degrees of Separation）理論。簡單的說，對於任何不認識、沒有關係的人，通常不需要超過六個人的關係，就能夠連結在一起。

你跟比爾蓋茲真的毫無關係嗎？說不定你的大學老師曾經教過一個學生，這個學生任職於某外商公司，他的主管又曾經在中國的微軟擔任過財務長，曾經跟比爾蓋茲開過會，交換過意見。其實，你跟比爾蓋茲是有關係的。

現在許多人慢慢開始意識到，累積一定程度的人脈財，也是渴望成功人士不可或缺的關鍵。自己的聰明才智固然可以加分不少，但是在對的地方透過對的人幫助，確實可以抵過自己許許多多的努力。

每個人都一定會有朋友，這些朋友也一定還有他們的朋友，以此類推，如果我們能夠有效的將這些人物全都串聯起來，自然就形成了所謂的人脈網絡，而且是相當驚人的人脈網絡。史丹福研究中心曾經發表一份調查報告，結論指出，一個人賺的錢，12.5％來自知識，87.5％來自人際關係。人脈如果不用，朋友只是紅白帖，人脈如果有整合，就會等於錢脈！

你現在幾歲？在你的「人生存摺」中，除了金錢、專業知識，有多少人脈？「人脈競爭力」有多強？未來，又打算讓這個存摺變成怎樣的資源庫？請不要忽視累積「人脈存摺」的重要性，因為他們將扭轉你的命運。

三十歲以前靠專業賺錢，三十歲以後靠人脈賺錢。許多人以為，只有保險、業務員、記者等行業，才需要重視人脈，如今無論是科技、教育等各個領域，人脈都是一個日漸重要的課題。因為在團隊整合的二十一世紀，單打獨鬥的時代已經過去，擁有人脈資源，將為自己的專業及個人競爭力找到槓桿。

有一句話說：「當你幫助別人登上高峰，你已站在世界的頂點。」幫助別人往上爬，自己會爬得愈高，善於幫助別人，所得到的回饋將會更多。在互助合作下，愈能幫助別人實現夢想。現今是資源共享的時代，若大家在各自努力的同時，更能提供自己的朋友成為共同互助的人脈，相信所得到的，只會比想像的更多。

在好萊塢，流行一句話：「一個人能否成功，不在於你知道什麼（what you know），而是在於你認識誰（whom you know）。」卡內基訓練大中華地區負責人黑幼龍指出，這句話並不是叫人不要培養專業知識，而是強調「人脈，是一個人通往財富、成功的入門票。」

美國老牌影星寇克‧道格拉斯（知名男影星麥克‧道格拉斯的父親）年輕時十分落魄潦倒，有一回，他搭火車時，與旁邊的一位女士攀談起來，沒想到這一聊，聊出了他人生的轉捩點。

沒過幾天，他就被邀請至製片廠報到，因為，這位女士是知名製片人。

這個故事的重點在於，即使寇克‧道格拉斯的本質是一匹千里馬，但也要遇到伯樂，一切才能美夢成真。

每個人手上都有事業線、感情線、生命線……，當我們把手握緊，再握緊時，這時候會告訴自己：「原來自己的事業、感情、生命……都是掌握在自己的手裡。」

其實，自己的命運很可能在別人的嘴巴裡！

擁有良好的人際關係，有助於財富的累積及增值。人脈，就是錢脈；對於窮人來說，人脈，簡直可以就是命脈！任何人運用平日所建立的「人脈組織網」，充分發揮作用，漸漸轉化為財富的雛型，只要時機成熟，無論是創造金錢、個人影響力，皆可來去自如，可見良性的關係，足以建立龐大的無形資產。

「關係」在創業者的眼中，是邁向事業成功的關鍵因素，由於平時善於經營人脈，因此各行各業的朋友，都可能成為合作夥伴。更重要的是，富人只要妥善運用公關能力，

幾乎在商場上無往不利，他們創造財富的速度，是呈現等比級數的成長，發揮的影響力更遠勝於終日奔波的上班族。

專業是必要的，更重要的是懂得運用人際資產，讓機會存藏在任何地方。經營人際關係，需要長時間的累積，彼此關心、協助是增進人際關係的良藥。朋友可能在關鍵的時機伸出援手，形成人生的轉捩點，彼此之間的合作、團隊力量，將會得到相當大的倍數迴響。

另外，嘗試性的由人脈中尋找生命中的貴人。根據美國訪問1000位百萬富翁，他們成功的關鍵因素是什麼？結果顯示前3名的答案分別是配偶、夥伴及貴人。

配偶，是生命中最重要的貴人。當我們選擇嫁誰或娶誰，幾乎決定了我們下半輩子的命運。有個網路笑話：

柯林頓與希拉蕊一起出遊，他們的座車來某個加油站，希拉蕊赫然發現那個加油站的站長是她過去的情人。車子離開加油站後，希拉蕊很大方的跟柯林頓提到這個往事。

柯林頓很得意的說：「還好你嫁給了我，否則你現在就是加油站站長的老婆了。」

希拉蕊笑笑的回答他：「如果當初我嫁的人是他，那麼現在的美國總統可能是他，而不是你了。」

愛因斯坦曾說：「一顆原子發揮不了任何作用，但是當

兩顆原子互相撞擊時，卻會產生十三萬噸黃色炸藥的威力。」碰到問題時，可以問誰能跟我們碰撞，誰是引爆生命力的貴人？如果沒有，則是我們該積極尋找夥伴的重要時機了。

地球上每五個人就有兩個人的成功，是因為找到對的夥伴。股神巴菲特收購公司，而他的夥伴查理孟格管理公司；比爾蓋茲開創微軟，他的大學室友史蒂夫巴默幫助微軟轉型成功；又有如美國職籃的麥可喬丹和史考特皮朋，凹凸互補，連續拿下六年的NBA總冠軍。

找出能幫助我們成為億萬富翁的夥伴。阿拉伯首富瓦利德王子成功的關鍵就是：「把所有可能浪費時間的風險，統統買下來，因此買到頂尖的老師，是成功最重要的關鍵。」因此，若下定決心追求成功，不是要跟別人比聰明，也不是要跟別人比努力，而是要跟別人比誰拜的老師比較頂尖！

明顯的，瓦利德王子的貴人，就是他的老師。貴人，往往指引並改變我們的人生方向。根據IBM統計，人的一生會遇到4.6次翻身的機會，以平均壽命78歲而言，約17年才會遇見一次！問題是，當我們遇到貴人時，相信並珍惜過他們嗎？

現在就打一通電話給遇過並有良好感覺的人，不要羞於表達。人生中常會遇到貴人，不要因為不知道那是貴人而錯過了。

04

億萬富翁的心理層面

執行力
時間管理　目標管理
借力
影響力　溝通力　學習力

億萬富翁是渾然天成的，他們是力與美的組合。

有能力才能賺到錢

學習力、影響力、目標管理、時間管理、
溝通力、執行力、借力
是通往財富之路上,必須具備的七種力量。

　　巫師臨終前,將三個兒子召喚到面前,分別給予他們三個願望,大兒子選擇了魔鏡,二兒子選擇了飛毯,三兒子選擇了可以救人一命的蘋果。

　　有一天,國王的女兒得了一場怪病,從此陷入昏迷不醒,心急如焚的他,連忙昭告天下,只要有人能夠救回女兒的生命,就可以追求他的女兒。

　　大兒子從「魔鏡」中看到消息,三人連忙搭乘「飛毯」,帶著「蘋果」來到國王的女兒面前。

　　女兒咬了一口,國王及三個兒子發現她的氣色漸漸紅潤,最後竟然奇蹟似甦醒過來。

　　國王開始難以抉擇,不知該將女兒許配給誰,兩人陷入沉思。如果是你,你會選擇嫁給誰呢?

最後女兒誰都不嫁，原因是三個兒子都不具足夠條件。唯有同時具備「遠見」、「省力的工具」及「方法」三種能力的人，才能帶給她一生的幸福。

任何億萬富翁與成功者一樣，都是所有條件具足的成果。一般人若想成為成功者，必須擁有學習力、影響力、目標管理、時間管理、溝通力、執行力、借力等七項能力，這是通往財富之路上，必須具備的七種力量。

學習力

財富的多寡，只是大腦價值的投影。

　　一台賓士車呼嘯而過，爸爸對兒子說：「開賓士車的人，腦袋裡幾乎沒什麼常識！」

　　兒子回答：「可是媽媽說，通常會說出這一番話的人，口袋一定沒有錢！」

　　有錢人重視想法，窮人的思維卻從未改變，因此找不出有錢人致富的原因。億萬富翁的行為是心理層面的表現，他是渾然天成的，散發出迷人的特質。財富只是有錢人大腦價值的投影。

　　這輩子我們看過的書與見過的人，將決定我們的一生。法國有句諺語：「如果你有兩條麵包，賣掉一條，換取智慧。換得的智慧，沒有人偷得走。」

　　學歷代表過去，只有學習力才能代表將來。學習和呼吸一樣重要，學習力就是成長力，不持續學習，就停止成長，停止成長就是退步，被拋棄在後面，成為落後者。有句話說：「人類生存一天，就需要學習，否則，我們與禽獸何異？」

　　如果我們已經窮途末路，記得還有張王牌可以投資：我們的大腦。我們必須學習，投資更多的精力在學習，而不是拿自己僅剩的錢來投資。

　　貧窮的人通常都是不學習的。和大陸、印度龐大渴望成功的人相比，如果不加強學習，這些國家的低工資、高效率會讓台灣的競爭力蕩然無存。有句話說：「現在台灣的大學生玩4年，大陸卻是拚4年。」知道嗎？在大陸懂英文的人已超過美國人了，如果沒有自覺，我們的下一代將成新的台傭或台勞。

　　億萬富翁具備持續不斷的學習力。高清愿，每天都要看幾小時的書，以增加洞悉事件的能力。學習力培養判斷力，是決勝的關鍵。

　　許多人認為，成功者要付出精神在工作，而失去休閒時間。難道，失敗者就可以過著灑脫、自在的生活嗎？那倒未必，失敗者不肯付出努力，尋求方法，面對不可預期的未來，花更多時間擔心害怕。結果是：終其一生忙碌，永遠抓不到成功的軌跡。

　　其實，失敗者，才是真正的「吃苦耐勞」的人。長期作困獸之鬥，卻不願花心思學習，永遠不願了解成功者的軌跡。他們以過人的「毅力」與「勇氣」，忍受著長期失敗的痛苦，無顧生死存亡的大事，只為了三餐而煩惱，一生辛勞，只為換取基本的生活所需。失敗者，往往比成功者想得更多，他們所付出的代價是十分龐大的，對人生，怎能輕鬆應對？

　　理財週刊寫著：人生有三個階段，第一是「勞力財」，第二是「專業財」，第三是「眼光財」。勞力是指工作的前十年，不害怕吃苦，努力工作賺錢，靠的是親力親為的勞力。當賺到錢以後，即可提升到第二個階段「專業財」本身工作再進修，專業能讓我們升級為主管。但四、五十歲之後，體力不如從前了，長期學習的經驗卻是一般小伙子沒有的，這時，要賺的錢就是「眼光財」。判斷一個事業是否能快速致富，眼光是相當重要的。

　　而且學習能力，取決於學習的效率。由於我們身處知識災難的時代，若無法快速有效學習、掌握資訊的方法，始終學了又忘、忘了又學，再多的努力也終究歸零。唯有採取有效記憶方式，實現知識致富的能力，財富才能伴隨而來。這些年來，我提出的邏輯式記憶及思維方式，就是期盼大家能擁有高效率的學習與思辨方式，除了擁有過目不忘的能力之外，更能迅速整合思維，達到快速歸納彙整的實力。切記：

二十一世紀是知識經濟時代的來臨，周遭的財富只是大腦價值的投影。〔參閱商周出版：《吸英大法》、《超好記，今天就學會五十音》等陳光著作，或上網www.719.com.tw。〕

學習訓練自己掌握趨勢，讓自己眼光如炬，不要像窮人一樣目光如豆。沒有學習力就沒有競爭力。這是一個講求「學習力」的時代，也是終身學習的時代。未來，每四年，就有四分之一的學習內容過期。學習，好比馬拉松賽跑，路途長遠，要有耐力，要有持續不竭的體力。**選擇學習就是選擇進步，提高學習力就是增強創造力和競爭力**。要努力養成努力不懈追求新知識、不斷研究新情況、努力探索解決新問題的好習慣。

陶淵明是中國有名的田園詩人，有一天，一位學生來請教他求學問的秘訣。

他請學生望著一望無際的稻田，學生看了一整天，沒有發現任何東西。

學生問詩人：「看稻田有什麼意義呢？」

陶淵明又請學生看了一天，學生依然沒有任何心得。

學生又望了一天，還是備感失落。

陶淵明說：「如果連續半年望著稻田，從播種、收割到採收，你將會看到一片綠油油的稻田，轉變為金黃色的稻穗。」

　　全天下最偉大的力量，就是日積月累，點點滴滴。

　　唯有透過長期的學習，才能看到學問的全景，否則只是敗興而歸。

影響力

有能力的人，
註定一輩子為有影響力的人工作！

在一群人中，總會有這麼一個人會告訴其他的人，怎麼買股票、到哪裡吃東西，應該買什麼東西等，他們是生活中有影響力的人。他們會告訴鄰居吃什麼菜最便宜、最健康，假日該到哪裡度假，在社會運動也有所謂民運領袖，告訴群眾該支援哪一位政客，動員到哪裡抗爭。他們不見得是最專業的人，但是確實是最有影響力的人。

有影響力的人不見得是教育程度最高的人，也不是產品最早的發明者。他們卻總是率先嘗試一切，很熱心的傳播。他們也是最積極投入群眾，或社區事務的人，在社群裡發揮龐大的影響力。

只要提升了影響力，就能把自己提升成資源整合者。二十一世紀，是資源整合者的世紀。

去年，有人問高清愿為什麼成功？

他說：「因為有一群厲害的人幫我工作。」

今年，同樣的問題再問高清愿。

高清愿回答：「因為今年，有一群比去年更厲害的人幫我工作。」

比爾蓋茲說過：「成功的竅門只有三種方法：一、為成功的人工作，二、與成功的人合作，三、找成功的人為你工作。」

億萬富翁都是有影響力的人，所以能成功的將資源整合，他們總是吸引人才與之同行。因此，不僅要當有能力的人，更要做一個有影響力的人。如果仍遲遲無法成功，可能只是想著如何提高自己的競爭力，卻一直忽略去思考增加自己的影響力。

有影響力的人物總是擁有強大力量，可以向大眾釋放大量的訊息廣告，這點在聚眾上，更占了極大的優勢。

溝通力

溝通，等於一切。

　　每一個億萬富翁都是良好的溝通者，有邏輯條理的表達自己、表達理念是那麼重要。美國的調查當中指出，百分之八十企業的成功案例，來自百分之十的頂尖銷售員。而這百分之十的銷售員，全部都有良好的口才。這顯示出一個人的說話技巧是多麼重要，即使有最頂尖的工作能力，如果沒有良好的表達技巧，是很難成功的。

　　溝通的第一步，在於是否發現事物的不同觀點及態度。思路決定出路，首先，**成功溝通必須是追求人與人之間的雙贏或多贏**，溝通力的實現必須以對方需求為基礎。其次，詞藻與表情決定溝通力的強弱。表達力的智慧，更關係著一個人的工作能否順利，以及往後的職場升遷是否能夠成功。無論從事什麼工作，我們都無法避免同伴間的競爭，以及人事

上的複雜糾葛，這時，溝通更成為化解危機的不二法門。一個人如果不擅言詞，難以把事情辦好，順利處理事務的關鍵，在於人際間的溝通。

企業中就有70％的問題，是由於溝通的不成功，或者是不去溝通造成的。

有效的溝通效果，可以適當表達自己，更充分展現出自己的優點，從而讓人喜歡與我們做生意。根據研究所得，在人與人的溝通當中，7% 是來自說話內容本身，38% 來自聲音，55% 來自身體語言；而聲音的那部分，就是語言技巧。即使想表達的內容有多豐富或實在，也不過占了整體的7% 而已；如果能夠好好把握說話技巧的話，在現今甚麼都講求感覺的社會中，更占了最大的優勢。

如果不大會說話，可從說故事開始訓練起，別小看說故事的力量！一個有寓意的故事，就算說自己的故事，也是有效的吸引人的方式。

有一個園區的工程師在SARS那一年到了希臘旅行，沿路將所有的景象拍攝下來，回來之後把旅行的故事和照片放置在網路上，吸引許多人點閱，最後更出版成冊，這本就是《我的心遺留在愛情海》。出書之後也帶起一股風潮，相關周邊商品更讓他賺進不少錢。

這是個非常著名的例子，作者光是訴說自己的故事與感受，就能與人溝通，進而締結生意共同創造財富。

目標管理的能力

一個人如果沒有目標，
終將飄流一生。
有如在汪洋大海中的浮木，
永遠不知道要漂到那裡去。

　　億萬富翁之所以能成為億萬富翁，是因為他們都曾經訂定目標成為億萬富翁。

　　有個億萬富翁，在辦公室裡掛著一個牌子：每天100萬。

　　億萬富翁說，他現在開一個連鎖加盟店，希望每天的「營業額」是100萬，這樣一個月就會有3000萬的營業額。

　　過了幾年後，還是掛著「每天100萬」的牌子，但他卻說，現在是每天「淨賺」100萬！

　　他的夢想是：大概再過幾年，就希望可以變成每天「繳稅」100萬！

　　億萬富翁因為有目標，所以朝著他的目標前進。

　　美國有個機構進行長期研究，追蹤100個年輕人直到65歲為止，結果發現，100位受測者只有6個人事業有成，其餘94人都是平平淡淡走過一生。這94人與事業有成的6個人最大的不同，就是在於他們沒有設立明確的目標。所以，唯有目標清楚，才能成為億萬富翁。

　　億萬富翁總有特定目標值得奮鬥，對他們而言，人是為成功而生。他們的焦點不是為了生存而憂愁，也不為生活細節忙碌，而是為了追求更遠的理想、目標，因此努力不懈。盡其全力追求財富自由，幸福美滿的人生指日可待。

　　在非洲的大沙漠中，有個地方叫皮瑟，相傳那裡是個只能進去，卻走不出去的地方，很多人對這個地方的詭異感到恐怖。

　　原來，光憑感覺往前走，是無法走出皮瑟的。由於沙漠的風向剛好成一個迴旋，日與夜把沙漠的路剛好吹成一個環狀。所以不管怎樣的努力，幾天後又回到原來的起點。

　　如果看到旅人的軌跡，只能看到許多不同範圍的圈圈，像一把捲尺的足跡。

　　一位經過訓練的軍人來到皮瑟，知道沒有任何指示路標，是無法走出去的。於是，他依靠北極星的指引，帶著村民走出這個沙漠。

　　選定方向，就能創造新生命。

　　有個想法，沒有計畫，終究只是個想法。別做個只會作夢的人，更重要的是，必須將夢想化為具體的階段性目標，必須要有明確的方向與指標。

　　可是許多人設定目標之後，卻無法實現呢？因為，只有設定目標是不夠的，要採取有效實現目標的具體方法與計畫。

　　一個人設定目標時，要先知道「為何」設定這些目標，再去想「如何」實現這個目標。**「為何」是找到動機，「如何」是找到方法。**許多人只是對目標「有興趣」，但並未決定一定要實現目標，因此當然無法實現。「有興趣」不會讓我們成功，「決定成功」才能讓我們成功。

　　幾個基本動作，是所有成功者的基本特質。

　　首先列下實現目標的理由。成功者在設定目標的同時，也會找出設定這些目標的理由來說服自己。當一個人十分清楚知道實現目標的快樂，以及不實現目標的痛苦時，將會產生動力驅動自己。

　　其次訂定計畫，從實現目標的最終期限倒推至現在。例如：設定好三年之內擁有想要的財富，首先要列出後兩年內要做到的程度，今年內要做到的程度，每個月要做到的程度及每天該做的事。當然，必須設下時限。設下時限來規範，將有效集中資源，檢查出自己在不同時間，完成到什麼階

段。記住：成功，是由無數個小成功累積而來的。然後自問：假如要實現目標的話，我必須變成什麼樣的人？並在紙上詳列下來。

很多人想成功，卻不清楚成功者所具備的條件。從書上找出所有成功者所需具備的條件，讓自己知道該往哪個方向邁進。立即採取行動複製成功者的智慧，具體的目標，將使行動過程十分明確。訂下承諾，馬上採取行動，現在開始直到實現目標為止，否則絕不放棄。

最後，衡量每天的進度，並每天檢查成果，隨時追蹤檢討。

密集的檢查修正。每年檢查一次，一年只有一次機會可以改正錯誤，若每月檢查一次，則一年有十二次機會改正錯誤，若每天衡量一次，就有三百六十五次修正機會，若早晚修正並衡量每一次進度，成功機會當然相對增加。

可以把所有目標寫在紙上，盡量具體化。如果想買一部賓士汽車，可以把汽車照片貼在眼睛右上方看得到的部位，每天早晚利用五至十分鐘的時間，想像已擁有這部車的樣子，並不斷提醒擁有該車的所有情況，這會加速實現願望的時間。

請仔細並用心寫下我們的行動承諾，請務必確實執行。

1. 請設定一個最想要達成的目標，並列出五項實現目標的理由。

2. 請寫下若實現目標有哪些好處及不實現目標有哪些壞處？

3. 現在我願意做哪些事情，可以得到所期望的結果？

4. 訂下承諾「我一定要，馬上行動，絕不放棄！」直到目標實現為止。

曾經有位夥伴向激勵大師表示：「我好想好想發財！」

大師反問他：「你所謂的發財是賺到多少？」

沒想到他竟楞在那兒，不好意思的說：「喔！隨便啦！」

還沒想清楚？是的，在這社會上，的確有許多人雖然想發財，卻一直不清楚自己究竟要多少？沒有數據，如何量化？築夢，應該踏實而有目標計畫，具體的實現。

大師追問，到底想賺多少？他吞吞吐吐的回答：「嗯嗯！只要比去年多一點就好了⋯⋯」

不用給他太多，只要多給一元，就符合他的目標了。

時間管理的能力

財富的多寡，
是多有效的運用時間的結果。

相傳在微軟的機構裡，一群人準備測試世界首富比爾蓋茲。在蓋茲前往會議室準備簡報的通道上，故意放一張百元的美鈔。沒想到蓋茲視若無睹，完全沒有考慮撿或不撿就走過去了。

同事們耳語：「難道比爾蓋茲早已不為金錢所動了嗎？」

蓋茲走進會議桌前，對所有同仁說：「我知道你們在對我做測試。一張百元美金，到底值不值得彎下腰去撿？估算一個人創造財富的速度，一分鐘若能超過一千美元，對他而言，彎腰那幾秒鐘，太不划算了。」

據說，那張百元美金一直在通往會議室的走道上，沒有人會彎腰，也沒有人會考慮把它撿起來。

讓錢自己流進來

　　如果我們浪費十分鐘時間，等於浪費一千美元，我們會更小心把十分鐘花在什麼事呢？時間就是財富！財富，是生命價值實現的結果。

　　如果我們每天都收到86400美元，而要求我們每天必須把它用完，否則上帝就會把這些錢回收。想想，我們該如何珍惜與運用？

　　天下真有如此好事。上帝公平的給每個人每天86400秒進帳，使用的方式不同，得到的財富也天差地別。

　　用秒計算的人，比用分鐘為單位計算的人，人生密度多出六十倍。

　　時間，對於成敗是絕對有影響力的。比起運用財富，運用時間顯得更加重要，若想致富，必需重視時間所創造的價值。管理時間的水平，決定事業的成敗。

　　每個星期有168個小時，其中56個小時在睡眠中度過，21個小時在吃飯和休息中度過，剩下的91個小時則由我們來決定做什麼——每天13個小時。如何分配在最有產值的事，是一項重要的技巧。它使我們能控制時間，按輕重緩急順序工作，不致在忙亂中虛度生命。

　　時間管理其實是效率管理，在有限的時間，做出最多有效的事。生命中最重要的事是在最短時間內，實現更多自己想要實現的目標；可以把心中4到10個目標寫出來，並依次

排列重要性，然後依照先後順序設定詳細的計畫，合理的規畫完成時間。

記住：用80%的時間，來做20%最有產值的事情。我們一定要瞭解，哪些事情是最重要的，是最有生產力的，而哪些是雜事。事情，有所謂緊急的事情、有重要的事。

成功者花最多時間在做最重要的事，可不是最緊急的事情。重要的事，都是所謂高生產力的事情。然而一般人都是做緊急，但不重要的事。必須學會如何把重要的事情在第一時間內完成，學會立刻做高生產力的事情。

失敗者當然會選擇緊急，但不重要的事情，通常這些都是一些突發困擾，一些災難，一些迫不及待要解決的問題。如果天天處理這些事情，表示失敗者時間管理並不理想，當然失敗。

每一分鐘每一秒，做最有效率的事情；必須思考一下要做好一份工作，到底哪幾件事情是對我們最有效率的，列下來，分配時間做好它。

聖誕夜，一間還沒打烊的孩子玩具的店，小男孩的父親終於問店員：「這個模型要多少錢呢？」

「五十元！」店員殷切的回答。

「五十元？」父親又問「你能不能賣便宜一點呢？」

「實在很抱歉，它的價格就是五十元。」

父親看了一會兒，「老闆在嗎？」

這位店員在男士的堅持下，呼喚老闆從辦公室來到門市。

父親問：「這玩具你能出的最低價格是多少呢？」

老闆回答：「現在是七十元！」

「什麼？剛剛還說是五十元啊！」

「沒錯，不過現在是我接待，加上我的談話費，總共七十元。因為你讓我離開我的工作。」

父親心想，一定要贏得這場談判。

「那你真實的告訴我，這玩具最低可以賣多少給我？」

老闆說：「現在是八十元！」

父親趕快把錢放在櫃檯上，拿起玩具默默走了。

要知道，時間價值遠大於金錢。把時間擺在最大槓桿操作上。先把時間花在建構自己的致富系統，創造持續收入。我們可以用時間學習別人已經成功的致富經驗，一定要跟成功者學習；所學習的對象，將決定未來的成就。把時間擺在學習複製已經成功的模組，會少繞路，節省很多時間。

若與一個成功者在一起，可節省十年的探索時間，我們跟十個這樣的人一起，就濃縮了一百年的經驗與時間。切記，**想致富，就得把時間安排在對財富最重要的槓桿上。**

　　教授在桌子上放了一個裝水的罐子。然後又從桌子下面拿出一些正好可以從罐口放進罐子裡的「鵝卵石」。

　　當教授把石塊放完後問他的學生道：「你們說這罐子是不是滿的？」

　　「是！」所有的學生異口同聲回答說。

　　「真的嗎？」教授笑著問。

　　然後再從桌底下拿出一袋碎石子，把碎石子從罐口倒下去，搖一搖，再加一些，再問學生：「你們說，這罐子現在是不是滿的？」

　　這回他的學生不敢回答得太快。

　　最後班上有位學生怯生生細聲回答道：「沒滿。」

　　「很好！」教授說完後，又從桌下拿出一袋沙子，慢慢的倒進罐子裡。

　　倒完後，於是再問班上的學生：「現在你們再告訴我，這個罐子是滿的呢？還是沒滿？」

　　「沒有滿。」全班同學這下學乖了，大家很有信心的回答。

　　「好極了！」教授稱讚著。

　　之後，教授從桌底下拿出一大瓶水，把水倒在看起來已經被鵝卵石、小碎石、沙子填滿了的罐子。當這些事都做完之後，教授做了結論：

　　「如果你不先將大的『鵝卵石』放進罐子裡去，你也許

以後永遠沒機會把它們再放進去了。各位有沒有想過，什麼是你財富的鵝卵石？」

千萬要把「追求持續收入」這個大大的鵝卵石放入人生裡，否則人生裡，就再也裝不下了！徹底改變收入結構，直到不需工作的持續收入大於每個月的支出，這時才真正脫離貧窮。

借力

我
帶兵遣將不如韓信，
籠絡人心不如蕭何，
運籌帷幄遠不及張良。
我只懂得借力。
我是大漢天子—劉邦！

　　幾十位遊客前來釣魚場遊玩，看到兩位釣魚高手，身手俐落一隻隻釣上，遊客都希望像高手一樣，滿載而歸。

　　甲高手不發一語，拚命將魚一隻隻釣起。乙高手卻放下釣具，轉向人群提高分貝說：「我專教釣魚技巧！不過你們掌握要領以後，記得每釣五隻要送我一隻喔！」

　　遊客同意了。一個下午，雖然乙高手花時間指導遊客，自己無法釣魚，最後得到的魚，卻比甲高手多數倍，另外，也結交到更多的好友。

　　富人比窮人更會運用槓桿。給我一根夠長的棍子，一顆夠堅硬的石頭，我將可以翹起全世界。如果想要有錢，就需要學會使用槓桿，如果想要很多錢，就需要學會運用更多槓

162

桿。運用槓桿原理，只要在財務的施力點上施一點小力，就可以有大量現金流入，以推動夢想、完成人生的目標，但是有一個必要的條件，運用工具並選對位置，先找對施力點，才能放下時間精力推動自己的夢想。

諸葛亮借東風大敗曹軍，宮本武藏借旭日東昇，太陽光反射到小次郎眼睛的刺眼效果，以木劍打敗小次郎的武士刀。他們在槓桿施力點上運作，卻幾乎完全不費力，這就是：借力。合氣道以及擒拿術也都是強調借力使力，讓弱者擊退強者的有效方法。

有一出版商，他有一批滯銷書久久不能脫手，他忽然想出了一個非常妙的主意。

書商給總統送去一本書，並三番五次去徵求意見，忙於政務的總統不願與他多糾纏，便回了一句：「這本書不錯。」出版商便大做廣告，「現有總統喜愛的書出售。」於是這些書立刻搶購一空。

不久，這個出版商又有書賣不出去，又送了一本給總統，總統上了一回當，就說：「這本書糟透了。」出版商聞之，腦子一轉，又做廣告，「現有總統討厭的書出售。」又有不少人出於好奇爭相購買，書又售盡。

第三次，出版商將書送給總統，總統接受了前兩次教訓，便不作任何答覆，出版商卻大做廣告，「現有令總統難

以下結論的書，欲購從速。」居然又被一搶而空，

　　總統哭笑不得，商人卻借總統之力大發其財。

　　中國有一個人說了這麼一段話：「我帶兵遣將的能力不如韓信，籠絡人心，不如蕭何，運籌帷幄，遠不如張良。我只懂得借力。我是大漢天子──劉邦。」

　　西洋諺語也有一句話：「借力使力不費力，點頭微笑數金幣。」的確，如果學會團隊借力，將取得事半功倍的效果。

　　美國田納西州有一個生產玉米的小鎮，因為相互激勵改良玉米品質及提高產量，每年都會舉辦一次玉米產質比賽，一連幾年懷特先生都得到第一名。

　　鄰居們紛紛向懷特先生換來最好品種的玉米種子栽種，懷特先生毫不吝嗇的換給他們。

　　有人向懷特先生說：「你把最好的玉米品種都分給鄰居種植，難道你不怕影響到每年比賽得第一名的優勢嗎？」

　　懷特先生開朗笑著說：「玉米是靠風來傳播花粉來交配的，只要我四周鄰居都有最好品種的花粉傳來，我的玉米品種才會愈來愈好。」

執行力

執行，沒有藉口。

　　唐三藏到西方取經回來後，被封為大唐第一國師，他所騎的白龍駒也被封為大唐第一名駒。

　　有一天白龍駒回到牠原本的馬房想要探視以前的馬朋友，牠的馬朋友這些年還是做著磨麥的工作，看到白龍駒身價如此高，就用著不屑的口氣跟白龍駒說：「你每天工作八小時，我也工作八小時，憑什麼你可以被封為大唐第一名駒？」

　　白龍駒回了一句：「因為我有走出去，而你只還在原地打轉。」

　　鴻海集團董事長郭台銘說：「執行力就是紀律，那種一心想把事情做好的決心。」

　　學了那麼多理論，掌握了那麼多的知識，為什麼依然不能成功？為什麼屢屢失敗？一個最重要的問題就出在自己的身上，那就是執行力出了問題。**執行力是貫徹實施決策計畫、及時有效解決問題的能力，執行力也是一種紀律，是策略的根本。**

　　很多優秀的人都擁有聰明的腦袋和過人的智慧，然而能夠成功的只是極少部分懂得執行的人。僅僅擁有偉大的思想戰略和偉大的計畫是不夠的，只有把戰略和計畫貫徹到底才能獲得成功，這就是執行力。沒有執行力，就沒有成功，所有的一切都是空談和妄想！

　　執行是戰略而不是戰術，執行能力只能從執行中獲得，不可能透過思考獲得。只有把知識力和執行力結合起來，才能擁有知行合一的能力，才能真正變得強大！只有「執行力」，才是一切有效戰略的關鍵要素。沒有執行力不可能做好任何事，執行力必須成為事業的核心成分。操作不能成功，總是在屢戰屢敗中徘徊就是沒有執行力的表現，執行力是一切的關鍵。

　　執行，沒有藉口，別一碰到挫折就只想著放棄。

永遠別在距離黃金三呎處放棄

　　在淘金的年代裡，有一個人名叫達比，一心想發財。所以他標示了一塊地，拿起鋤、鏟便開始埋頭工作。辛苦了幾

個禮拜後，他終於發現了金光閃閃的礦石。於是他不動聲色掩蓋好礦區，回到老家且告知親友，他們便籌足錢，買了所需要的機器，並將之裝運好再度回到礦區。

第一車的礦石開採出來後，即運往提煉場，結果證實，他們的礦區是此區最豐富的礦區之一，這麼看來，只要再挖出數車礦石便能償清所有債務了。接下來，便是數不盡的財源滾滾而進了。

地越鑽越深，他的希望也隨之節節升高。然後，事情發生了。礦脈突然不見了。他們的美夢頓時成空，聚寶盆不存在了。他們繼續鑽探、挖掘，絕望的想再尋回礦脈，但一切努力終歸徒然。最後，他們決定放棄。他們把機器便宜賣給一位舊貨商便心灰意冷的回家了。

舊貨商請來一位採礦工程師來查看礦區，並估算一下，工程師認為採礦計畫之所以失敗，在於礦區主人不懂得斷層（偽脈）所致。根據他估計表示，礦脈應該就在距離上一位挖掘者挖掘處不遠的地方，於是舊貨商繼續雇用工人開採，果然在達比放棄的地方三呎遠的距離，開採到全美蘊藏量最多的黃金。

看到這個故事，不禁讓人思考，窮人是否經常在距離黃金三呎之處放棄呢？**執行，沒有藉口，別一碰到挫折就只想放棄。**

▶▶ 167

讓錢自己流進來

【後記】
富足的人生

人生四大秘密——
當財富來臨時，
它來得如此快，如此多，
讓人們不禁驚覺：
這些年來，
這些財富都躲到哪裡去了？

紐約的街頭有許多乞丐，有一位破產的企業家，喪志許久的他，帶著一箱鉛筆、「每枝一美元」的看板及裝硬幣的盒子，在街角販賣當年放在倉庫已久的鉛筆。

一位年輕人經過企業家的身旁，他拿了一枝鉛筆，忘了給硬幣就離開了。破產的企業家已走到人生谷底，因此也不以為意，直到身邊一位小提琴手的提醒，才漠然的望一望，那個沒有硬幣的盒子。

後來，一位商人走到企業家的身邊，彎下腰來拿起鉛筆，又放了一些銅板，隨口說了一句話：「喔，我們都是生意人啊！」然後從企業家的身邊悄悄走了。

破產的企業家突然被這句話驚醒，「我們都是生意人啊！」他收起沮喪的意志，重新振作起來，結果創辦了更龐

▶ 169

大的企業集團。

　　我們現在所處的位置不重要，最重要的，是我們正在往哪一個方向移動。

　　這本書的致富秘密，已經成功幫助數十人身價上億，甚至幫許多負債的朋友，藉著觀念與行為的轉變，而重拾財物的自由。M型社會的來臨，每個人都應檢視手中資源，懂得掌握趨勢，聚眾、將負債變資產，再放在槓桿操作點。最後，學習億萬富翁的特質，懂得借力，或加入一個團隊，與成功者平均財富，最後，我們會驚覺，錢，是自己會流進來的。就像《人生四大秘密》書上說的：「當財富來臨時，它來得如此快，如此多，讓人們不禁驚覺，這些年來，這些財富都躲到哪裡去了。」

　　思考並執行本書的所有致富秘密，我們將邁進億萬富翁行列，輕易得到富足的人生。

國家圖書館出版品預行編目資料

讓錢自己流進來／陳光，張景富作.-- 初版.-- 臺北市：
　布克文化出版：家庭傳媒城邦分公司發行，96.09
　面；公分

　ISBN 978-986-7010-39-1（平裝）

　1.金錢心理學　2.財富

561.014　　　　　　　　　　　　　　96015760

讓錢自己流進來

作　　者　　陳光、張景富
文字整理　　張堇宸、江羚瑜
插　　畫　　彌勒熊
封面設計　　方麗卿
編　　輯　　丫今

總 編 輯　　賈俊國
副 總 編　　蘇士尹
行銷企畫　　吳岱珍

發 行 人　　何飛鵬
法律顧問　　台英國際商務法律事務所　羅明通律師
出　　版　　布克文化出版事業部
　　　　　　台北市民生東路二段141號8樓
　　　　　　電話：02-2500-7008　傳眞：02-2502-7676
　　　　　　Email: sbooker.service＠cite.com.tw
發　　行　　英屬蓋曼群島商家庭傳媒股份有限公司城邦分公司
　　　　　　台北市中山區民生東二段141號2樓
　　　　　　書虫客服服務專線：02-25001990；25001991
　　　　　　劃撥帳號：19863813；戶名：書虫股份有限公司
　　　　　　讀者服務信箱：service＠readingclub.com.tw
香港發行所　　城邦（香港）出版集團有限公司
　　　　　　香港灣仔軒尼詩道235號3樓
　　　　　　電話：852-25086231　傳眞：852-25789337
馬新發行所　　城邦（馬新）出版集團Cite (M) Sdn. Bhd.(458372U)
　　　　　　11, Jalan 30D/146, Desa Tasik, Sungai Besi,
　　　　　　57000 Kuala Lumpur, Malaysia.
　　　　　　電話：603-90563833　傳眞：603-90562833
印　　刷　　卡樂彩色製版有限公司
初　　版　　2007年（民96）09月
初版125刷　　2020年（民109）12月
售　　價　　220元
　　　　　　著作權所有·翻印必究
　　　　　　ISBN-13: 978-986-7010-39-1

因為Book讓我們更靠近 http://blog.sbooker.com.tw